AUF DEM DNJEPR DURCH DIE UKRAINE

KREUZFAHRTFÜHRER

Von Kiew bis zur Krim

Helga Ewert

Iaroslaw Panyko

4. aktualisierte

und erweiterte

Auflage 2009

GÜNTHER MASCHKE
BUDAPESTER STR. 17
60437 FRANKFURT AM MAIN

INHALT

Vorwort 4
Die Schiffe 6
Die Ukraine im Überblick 8
    Die Bevölkerung 8
    Geografische Daten 9
Die Geschichte der Ukraine 12
    Die Kiewer Rus 15
    Unter polnisch-litauischer Herrschaft 18
    Das Hetmanat der Dnjepr-Kosaken 20
    Der Vertrag von Perejaslaw 21
    Unter russischer Herrschaft 22
    Die Eroberung des Südens 24
    Die ukrainische Nationalbewegung 31
    Die Russifizierung 34
    Erster Weltkrieg und Revolution 34
    Die Sowjetukraine 36
    Michail Gorbatschow, Perestroika und Glasnost 40
    Der Zusammenbruch der Sowjetunion 41
Die Ukraine als unabhängiger Staat 43
    Die Wirtschaftskrise 44
    Die Macht der Oligarchen 45
    Krise der „Orangen Revolution" 46
    Finanz- und Wirtschaftskrise 2008 48
    Die soziale Lage 49
    Die Außenpolitik 53
Kiew 55
    Der Podil 55
    Die Oberstadt 66
    Petschersk 74
    Das Kiewer Höhlenkloster 74
    Streckeninfo Kiew–Kanew 81
Kanew 83
    Streckeninfo Kanew–Tscherkassy–Krementschug 84
    Streckeninfo Tscherkassy–Krementschug 84
Krementschug 85
    Streckeninfo Tscherkassy–Dnjepropetrowsk 85
Dnjepropetrowsk 87
    Der Dnjepropetrowsker Wirtschaftsclan 91
    Die Potjomkinschen Dörfer 93
    Streckeninfo Dnjepropetrowsk–Saporoshje 94

Saporoshje 95
    Die Kosakeninsel Chortiza 97
    Streckeninfo: Saporoshje–Cherson 101
Cherson 102
    Die Fischerinseln 103
    Streckeninfo: Cherson–Schwarzes Meer 104
Das Schwarze Meer 105
Odessa 107
Das Donaudelta 117
    Bessarabien 119
Kischinjow/Chisinau 121
Nessebar 123
Die Krim 127
Sewastopol 130
    Der Krim-Krieg 132
    Das Panorama-Museum 136
    Stadtrundgang im Zentrum 137
    Chersones 141
Bachtschissaraj 143
    Der Palast der Krim-Khane 144
Von Sewastopol nach Jalta 149
    Der deutsche Soldatenfriedhof bei Gontscharnoje 151
Groß-Jalta 153
    Alupka 154
    Das Schwalbennest 157
    Der Liwadija-Palast 158
Jalta 162
Zeittabelle 171
Die ukrainische Sprache 177
    Kleiner Sprachführer 179
    Ukrainisch-kyrillisches Alphabet 183
Infoteil von A bis Z 184

Vorwort

Über die Ukraine, den zweitgrößten Staat Europas, war bis vor wenigen Jahren im Westen erstaunlich wenig bekannt. Man brachte dieses Land im Wesentlichen mit der Reaktorkatastrophe von Tschernobyl in Verbindung und hielt die Ukraine ansonsten für ein Anhängsel Russlands.

Aber Ende 2004 wurde die Weltöffentlichkeit aufmerksam, als das ukrainische Volk in der „Orangen Revolution" im ganzen Land auf die Straße ging, um gegen offensichtliche Manipulationen bei den Präsidentschaftswahlen zu protestieren. Diese Volksbewegung erkämpfte die Wiederholung der Stichwahl und brachte den pro-westlichen Reformpolitiker **Viktor Juschtschenko** und seine charismatische Mitstreiterin **Julia Timoschenko** an die Spitze des Staates.

Der bereits 1990 eingeleitete Umwälzungsprozess in der Ukraine hatte viele politische Probleme und wirtschaftliche Ungerechtigkeiten mit sich gebracht. Neben einer dünnen Schicht von Multimillionären stand die Mehrheit der Bevölkerung Anfang der 2000er Jahre am Rande des Existenzminimums. Das orange Regierungsbündnis erreichte durch eine Reihe sozialer Maßnahmen einen deutlich spürbaren Rückgang der Armut. Die Wirtschaft sorgte mit stetigen Wachstumsraten für Stabilität und eine positive Handelsbilanz.

Außenpolitisch öffnete das Land seine Tore weit in Richtung Westen. Die Aufhebung der Visumpflicht für Reisende aus der EU und einer Reihe anderer Länder 2006 war ein erstes, deutliches Signal. Mit der Aufnahme in die **Welthandelsorganisation WTO** im Februar 2008 und das dadurch möglich gewordene Freihandelsabkommen mit der EU erreichte die Ukraine eine erste Etappe im angestrebten Langziel **Aufnahme in die EU**.

Doch diese Erfolge sind mühsam erkämpft. Das einstige Traumbündnis Juschtenschko-Timoschenko zerbrach schon nach weniger als einem Jahr an internen Machtkämpfen und politischen Differenzen. Eine zweite Auflage der Koalition scheiterte ausgerechnet im Herbst 2008, als die weltweite Finanz- und Wirtschaftskrise über die Ukraine hereinbrach und sie unerwartet an den Rand des Staatsbankrotts brachte.

Die Spaltung des Landes in eine pro-westliche Westukraine, die eine von Juschtschenko angestrebte **NATO-Mitgliedschaft** zumindest teilweise mitträgt, und eine pro-russische Ostukraine, die sich eindeutig auf die Seite der von **Viktor Janukowitsch** angeführten Opposition stellt, ist tiefer denn je.

Der Schlüssel für viele aktuelle Konflikte liegt in der Geschichte des Landes, das der Dnjepr geografisch und in zwei ideologische Lager trennt. Dieser Kreuzfahrtführer beschäftigt sich ausführlich mit der Geschichte der Ukraine – angefangen von den ersten slawischen Siedlungen am Dnjepr im 2. Jh. bis zum Jahresbeginn 2009. Unsere Zeitreise beginnt mit der ältesten Stadt Kiew (5. Jh.) und führt zur Wiege des ukrainischen **Kosakentums** (16. Jh.) auf die Insel **Chortiza** bei **Saporoshje**. Dann geht es durch die Dnjepr-Mündung an die Nordküste des Schwarzen Meeres nach **Odessa** (18. Jh.) und auf die **Krim** nach Jalta und Sewastopol (18. Jh.).

Helga Ewert und Jaroslaw Panyko					Februar 2009

Mit Brot und Salz heißen Sie junge Ukrainer an Bord herzlich willkommen!

Die Schiffe

Wenn Sie diese Zeilen lesen, haben Sie vielleicht schon erste Bekanntschaft mit einem der sechs Kreuzfahrtschiffe gemacht, die derzeit mit ausländischen Touristen an Bord auf dem Dnjepr verkehren. Es handelt sich um die MS Dnjepr Star, MS General Watutin, MS Marschall Koschewoj, MS General Lawrinenkow, MS Schewtschenko und die MS Prinzessa Dnipra.

In der Zwei-Bett-Kabine

Sie alle gehören zu der Serie von Schiffen, die die staatliche sowjetische Flussflotte „Sowretschflot" ab Mitte der 1970er Jahre bei der Werft **Boizenburg/DDR** zu Dutzenden bestellte. Die Schiffe sind im Wesentlichen baugleich und unterscheiden sich nur in der Länge (125 m oder 129 m).
Sie verfügen über fünf vollklimatisierte Decks und können – je nach Innenausbau – bis zu 320 Passagiere aufnehmen Dazu kommen etwa 90 Besatzungsmitglieder. Die Geschwindigkeit beträgt bei voller Kraft der drei Dieselmotoren von je 736 kW maximal 26 km/h, die durchschnittliche Reisegeschwindigkeit liegt bei 20 km/h. Die seegängigen Schiffe dürfen in küstennahen Gewässern bis zu einem Wellengang von 3,5 m, also auch auf dem Schwarzen Meer verkehren.
Im Rahmen der **Privatisierung** von Großbetrieben, die auch die ukrainische Flussflotte betraf, gingen die Schiffe ab 1996 an private Firmen. Diese investieren seitdem Jahr für Jahr in die Modernisierung der Restaurants, Bars, Konferenzsäle und der Kabinen. Auf einigen Schiffen wurden Kabinen auf dem Oberdeck zusammengelegt und als Luxuskabinen mit Bad und Fernseher versehen.

Obwohl sich in den letzten Jahren einiges getan hat, ist die **Kabinenausstattung** weniger luxuriös als auf neueren Flussschiffen westlicher Bauart – wie sie z.B. auf der Donau verkehren. So gibt es weder Fernseher noch Telefon in den Kabinen, deren Größe – je nach Deck – nur zwischen 9 und 11 m² liegt. Allerdings verfügen alle über einen Kühlschrank.
Die **Nasszelle** von nicht viel mehr als 1,5 m² gibt zunächst Rätsel auf. Wo aber befindet sich die Dusche? Die Lösung ist eine eigentlich geniale und platzsparende Idee aus den Zeiten des sozialistischen Massentourismus. Die Handbrause des Waschbeckens gegenüber dem WC lässt sich nämlich herausziehen, so dass man auch damit duschen kann – sogar im Sitzen!

Der verwöhnte Kunde, der Bekanntschaft mit Luxuslinern gemacht hat, wird sich ein wenig umstellen müssen. Doch, wie dem auch sei, es gibt keine Alternative. Andere Schiffe verkehren nicht auf dem Dnjepr. Aber dafür werden Sie an Bord eine Gastfreundschaft und Herzlichkeit kennenlernen, wie sie Sie wahrscheinlich noch nie erlebt haben.

Das Bordleben

Sie werden von jungen Ukrainern in Nationaltracht mit Brot und Salz empfangen, wenn Sie das erste Mal an Bord gehen. Diese Geste ist Tradition bei allen slawischen Völkern und symbolisiert: „Mein Haus ist auch dein Haus, fühle Dich hier wohl".

Sie werden sehr schnell feststellen, dass das Verhältnis zwischen Reisegast und Bordpersonal insgesamt sehr viel persönlicher und wärmer ist, als auf westlichen Schiffen. Auf höfliche Distanz und unverbindliche Floskeln werden Sie seitens des ukrainischen Personals eher selten treffen. Die „Seele" an Bord sind die ukrainischen Reiseleiterinnen – es gibt auch einige männliche Kollegen. Diese begleiten Sie nicht nur auf den Landausflügen, sondern führen auch zahlreiche Bordveranstaltungen und nicht ganz ernst gemeinte Wettbewerbe mit Ihnen durch, machen Sie mit ukrainischen Traditionen vertraut, bringen Ihnen ein paar Worte der Landessprache und ukrainische Lieder bei. Sie können damit rechnen, dass neben deutschsprachigen Gästen auch andere Nationalitäten an Bord sein werden. Die Reisen erfreuen sich u. a. bei Ukrainern, Russen, Franzosen, Italienern, Spaniern, Holländern und Amerikanern wachsender Beliebtheit.

Flusshafen von Kiew

TIPP: Bei Bürgern der Sowjetunion standen Flusskreuzfahrten bei allen Altersgruppen traditionell ganz oben auf der Beliebtheitsskala – waren diese Reisen doch eine willkommene Abwechslung zu dem eher tristen und reglementierten Alltag. Hier konnte gefeiert werden, was das Zeug hielt. An dieser Einstellung hat sich im Prinzip auch heute nichts geändert. Nur war es zu sowjetischen Zeiten unmöglich, dass westliche Ausländer und Sowjetbürger „gemeinsam in einem Boot" saßen. Das ist heute anders. Diese Reisen werden auch an Russen und Ukrainer verkauft, die in der Regel die oben beschriebene Erwartungshaltung an ihren Urlaub mitbringen. Machen Sie das Beste daraus, nutzen Sie die Gelegenheit, in entspannter Atmosphäre Kontakte aufzunehmen. Mit Freundlichkeit und Toleranz werden sich Ihnen alle Türen öffnen.

Die Ukraine im Überblick

Die Ukraine nimmt ein Territorium von 603 700 km² ein und ist damit flächenmäßig – nach dem europäischen Teil Russlands – der zweitgrößte Staat Europas. Die Ukraine erstreckt sich über 1 300 km von West nach Ost und 900 km von Nord nach Süd.
Verwaltungsmäßig ist die Ukraine in 24 Gebiete und die Autonome Republik Krim unterteilt. Kiew ist seit 1934 Hauptstadt und Sitz des Parlaments. Lwow ist das kulturelle Zentrum der Westukraine, Charkow (von 1917–34 Hauptstadt) das der Ostukraine. Die Autonome Republik Krim wird von Simferopol aus verwaltet.

Die Bevölkerung
In der Ukraine leben knapp 46 Millionen Menschen, davon 72% Ukrainer und 22% Russen. Es gibt fünf Städte mit über 1 Million Einwohnern: **Kiew** (2,7 Mio.), **Charkow** (1,6 Mio.), **Dnjepropetrowsk** (1,1 Mio.), **Odessa** (1,0 Mio.) und **Donezk** (1,1 Mio.)

Deutsche in der Ukraine
Vor dem 2. Weltkrieg lebten etwa 400 000 Deutsche in der Ukraine. Die meisten von ihnen waren Nachfahren jener Deutschen, die **Katharina die Große** Ende des 18. Jh. als Kolonisten in die neu eroberten Gebiete in den Süden Russlands angeworben hatte.
Nach dem Überfall Hitlers auf die Sowjetunion 1941 wurden die meisten Deutschen als potentielle „Kollaborateure" nach Mittelasien deportiert. Andere flüchteten vor der Sowjetarmee, als diese verlorenes Terrain zurückeroberte. Ein kleiner Rest überlebte unerkannt und angepasst bis zum Zerfall der Sowjetunion.

Ab 1992 folgten etwa 5 000 Personen einem deutsch-ukrainischen Projekt, das deutsche Bauern aus Mittelasien in die Ukraine zurückholte. Bei der Volkszählung 2001 belief sich die Zahl derjenigen, die „deutsch" als Nationalität angaben, auf etwa 33 000 Personen. Sie organisierten sich in Kulturvereinen mit dem Namen „Wiedergeburt", aus denen im Laufe der Zeit überwiegend Evangelisch-Lutherische Kirchenvereine entstanden. Deutsche Gemeinden gibt es heute wieder in vielen ukrainischen Städten, darunter in Kiew, Odessa und auf der Krim, u. a. in Jalta.

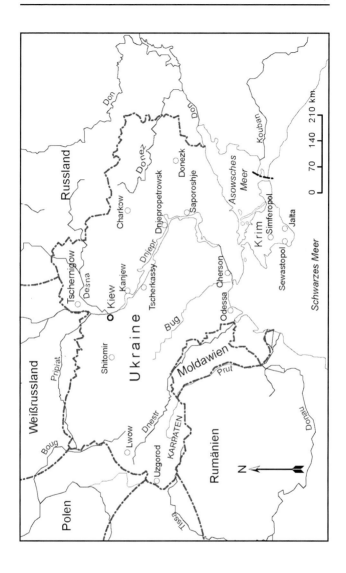

Geografische Daten

Die Ukraine hat gemeinsame Grenzen mit sieben Nachbarstaaten. Sie grenzt im Nordosten an **Russland**, im Norden an **Weißrussland**, im Süden an das Schwarze und Asowsche Meer, im Südwesten an **Rumänien** und **Moldawien** und im Westen an die **Slowakei**, **Ungarn** und **Polen**.

Den größten Teil der Ukraine nehmen hügelige Ebenen von 300–470 m ein. Im weißrussischen Grenzgebiet im Norden befinden sich die **Prypjat-**

Sümpfe, südlich davon der **Mischwaldstreifen Polessien**, der im Osten in die Dnjeprsenke übergeht.

Im Südwesten liegen die **Karpaten** mit dem höchsten Gipfel Gowerla (2061m), an denen außerdem noch Polen, die Slowakei, Ungarn und Rumänien teilhaben. 1993 gründeten diese fünf Staaten die **Euroregion Karpaten**, die Fördermittel der EU erhält. Auf der Krim erhebt sich das **Krimgebirge** mit dem höchsten Gipfel Roman Kosch (1545 m).

Das Klima

Das Klima der Ukraine ist kontinental, aber milder als in Russland. Im Juli und August kann es in Kiew und südlich davon mit 35–40 °C sehr heiß werden. Die Winter sind trockener und kälter als in Mitteleuropa.

An der **Südküste der Krim** entspricht das Klima dem des subtropischen Mittelmeerraumes mit 2300 Sonnenstunden jährlich. Temperaturen über 40 °C sind im Juli und August keine Seltenheit. Die Badesaison beginnt Ende Mai und dauert bis Mitte Oktober.

Der Dnjepr

Von den alten Griechen wurde er **Borysthenes** (Vom Norden fließender Fluss) genannt, von den Slawen **Slawutitsch** (Ruhmreicher Sohn) und von den Sarmaten **Donapris** (Großes Wasser). Davon stammt auch der heutige Name ab. Der Dnjepr (ukrainisch: **Dnipro**) ist mit 2200 km der längste Fluss der Ukraine und der drittlängste Fluss Europas nach der Wolga (3530 km) und der Donau (2850 km). Mit seinen Stauseen, Nebenflüssen und Kanälen zur Dwina und Memel ist er eine der wichtigsten Wasserstraßen in Osteuropa. Im Südosten der Ukraine stellen Kanäle eine Verbindung zu den Industriegebieten **Kriwoj Rog** und dem **Donbass** her.

Der Dnjepr entspringt am Südhang der **Waldajhöhen** in Russland und fließt 595 km durch Weißrussland. Ab Dorogobush in den Smolensker Höhen ist er schiffbar.

Man unterteilt den Fluss in den „oberen Dnjepr", d. h. von seiner Quelle bis Kiew 1350 km, den „mittleren Dnjepr" von Kiew bis Saporoshje 550 km und den „unteren Dnjepr" von Saporoshje bis zu seiner Mündung 300 km.
Von der weißrussischen Grenze bis etwa 20 km nördlich von Kiew ist der Dnjepr das erste Mal gestaut. Dieser **Kiewer Meer** genannte Stausee wurde in den 1960er Jahren angelegt und erstreckt sich über 922 km². Der Dnjepr ist als „Dnjepr-Kaskade" insgesamt **sechsmal** gestaut: jeweils nördlich von Kiew, Kanew, Krementschug, Dnjeprodsershinsk, Saporosh-

DIE UKRAINE IM ÜBERBLICK

je und Kachowka. Diese Städte geben den jeweiligen Stauseen ihre Namen. Ein System von **Wasserkraftwerken**, das **Dnjepr-GES** (Gidro-Elektro-Stanzija), versorgt die Ukraine mit Strom. Bei der Stadt **Cherson** teilt sich der Dnjepr in drei Arme und weitet sich in ein breites, malerisches **Delta**, durchsetzt von zahlreichen, kleinen Inseln. Er mündet in den **Liman**, eine natürliche Bucht des **Schwarzen Meeres**.

Das Kiewer Meer

Nach dem Dnjepr sind der Dnjestr, der Südliche Bug und der Nördliche Donez die wichtigsten Flüsse der Ukraine. Der **Dnjestr** an der ukrainischen Westgrenze zu Moldawien entspringt in den ukrainischen Karpaten und mündet östlich von Odessa ins Schwarze Meer. Der **Südliche Bug** (806 km) entspringt in der Westukraine und mündet bei Nikolajew in den Liman. Der **Nördliche Donez** (Kleiner Don, 1 053 km) östlich des Dnjepr kommt aus Russland, fließt östlich von Charkow durch die Ukraine und mündet in den russischen Don.

Auf Ihrer **Kreuzfahrt** Kiew – Odessa legen Sie auf dem Dnjepr bis zu seiner Mündung in den **Liman** 851 km zurück. Sie passieren **fünf Stauseen** und **fünf Schleusen**, die 103 m Höhenunterschied zwischen Kiew und dem Schwarzen Meer überwinden.

Kiew	Kanew/Schleuse	135 km
Tscherkassy	Brücke	66 km
Tscherkassy	**Krementschug** Schleuse/Brücke	100 km
Krementschug	**Dnjeprodsershinsk** Schleuse	122 km
Schleuse	**Dnjepropetrowsk** Brücke	42 km
Dnjepropetrowsk	**Saporoshje** Schleuse	86 km
Saporoshje	**Kachowka** Schleuse	210 km
Kachowka	**Cherson**	62 km

Cherson	Liman	28 km
Liman	Schwarzes Meer	55 km
Schwarzes Meer	Sewastopol	365 km
Sewastopol	Odessa	359 km
Odessa	Cherson	155 km

Die Geschichte der Ukraine

Wie schon eingangs erwähnt, liegt der Schlüssel für viele Probleme, mit denen die Ukraine heute zu kämpfen hat, in ihrer Geschichte.

In ihren heutigen Genzen existiert sie – genau genommen – erst seit 1954, als die Krim aus der Russischen Föderation herausgelöst und an die Ukraine angeschlossen wurde.

Salopp gesagt, gab es ein ständiges Kommen und Gehen von Teilgebieten, die einen gerieten unter die Herrschaft ihrer Nachbarn, die anderen wurden neu dazuerobert. Beteiligt waren Österreich-Ungarn, Rumänien und die Tschechoslowakei, aber in erster Linie **Polen-Litauen** und **Russland**.

Der Dnjepr wurde Mitte des 17. Jh. über einen langen Zeitraum zur Grenze zwischen der polnischen West- und der russischen Ostukraine. Beide Hälften nahmen unterschiedliche Entwicklungen, deren Auswirkungen auch heute noch deutlich zu spüren sind.

Hier eine kleine Übersicht über die einzelnen Regionen:
1. Die **Ostukraine** mit **Kiew** und den Gebieten **Charkow** im Norden und dem **Donez-Becken** (Donbass) im Süden sowie dem linksufrigen Teil des ehemaligen Hetmanats der Kosaken, die sich 1654 **Russland** unterstellten.
2. Die **Südukraine** oder „Neurussland", d.h. die Steppengebiete ab Dnjepropetrowsk bis an die Schwarzmeerküste mit **Cherso**n und **Odessa**; die Gebiete nördlich der Krim und des Asowschen Meeres. Diese Gebiete eroberte Russland zwischen 1768 und 1792 in zwei Kriegen gegen das **Osmanische Reich**.
3. Die türkisch beherrschte **Krim**, die **Russland** 1783 annektierte;
4. Die rechtsufrige Ukraine mit **Wolhynien** und **Podolien**, die von 1340–1793 zu Polen-Litauen gehörte.

DIE GESCHICHTE DER UKRAINE

oben: **Eisenbahnhebebrücke**
unten: **Schleuseneinfahrt**

5. Die **Westukraine** mit Ostgalizien und dem Zentrum Lwow, das im Laufe der Geschichte zunächst an **Polen-Litauen**, dann an **Österreich-Ungarn** fiel und erst im Ergebnis des Zweiten Weltkrieges an die Sowjetukraine ging; die **Karpaten** im äußersten Südwesten, die ebenfalls erst seit dem Zweiten Weltkrieg wieder zur Ukraine gehören und davor in Teilen an **Österreich-Ungarn**, **Rumänien** bzw. die **Tschechoslowakei** gefallen waren.

Bei dem folgenden Überblick über die Geschichte der Ukraine konzentrieren wir uns auf die drei erst genannten Gebiete, durch die Sie bei der Kreuzfahrt Kiew–Odessa kommen werden.

Die Slawen – 2. bis 9. Jahrhundert

Die Urheimat der **Slawen** lag im Norden der heutigen Ukraine, in den Wald- und Waldsteppengebieten zwischen oberem **Bug** und dem mittleren **Dnjepr** bis an den **Don**. In römischen Chroniken werden sie erstmals im 2. Jh. n. Chr. als „veneti" (Wenden) erwähnt. Die heidnischen Slawen bildeten lose, patriarchalische Sippengemeinschaften mit einem Stammeshäuptling an der Spitze. Sie führten ein sesshaftes Leben mit Ackerbau, Viehzucht, Jagd und Fischfang und befestigten ihre Siedlungen mit Wällen bzw. wählten schwer zugängliche Orte aus. Archäologischen Ausgrabungen zufolge wurde **Kiew** im 5. Jh. als befestigte Siedlung am Dnjepr-Ufer gegründet. 482 gilt als offizielles Gründungsjahr der Stadt.

Im 5. und 6. Jh. n. Chr. wanderten die **Slawen** weiter nach Südosteuropa und den Balkan sowie nach Westen bis an die **Elbe**, wo sie als „Elbslawen" bekannt wurden.

Es bildeten sich drei slawische Gruppen heraus:
1. die **Ostslawen**, die Vorfahren der heutigen Russen, Weißrussen und Ukrainer;
2. die **Westslawen**, die Vorfahren der heutigen Tschechen, Polen, Sorben und Slowaken;
3. die **Südslawen**, die Vorfahren der heutigen Slowenen, Serbokroaten, Bulgaren und Makedonier.

Die Entstehung des Kiewer Reiches

Zu Beginn des 9. Jh. drangen die germanischen **Normannen** (Wikinger) aus Skandinavien in drei Richtungen über die See. Ein Teil bewegte sich von Norwegen und Dänemark nach Frankreich in die heutige **Normandie**, andere zogen über das Mittelmeer bis Afrika. Aus Südschweden kam ein dritter Zug in Wikingerbooten mit Segel und Ruder über die **Ostsee**. Eigentliches Ziel dieser Mischung aus Seeräubern und Kaufleuten war **Konstantinopel**, die Hauptstadt des **Oströmischen** bzw. **Byzantinischen Reiches**.

Landgang der Normannen (Darstellung auf einem Wandteppich)

Sie ließen sich zunächst an der Ostseeküste nieder, wo sie im Norden des heutigen Baltikums und Russlands auf **finnische** Stämme trafen. Diese gaben den Normannen, die in Scharen mit ihren schmalen, schnellen Booten an der Küste anlandeten, den Namen **Ruotsi**, was soviel heißt wie „Rottensoldaten". (Das finnische Wort für „Schweden" ist heute immer noch „Ruotsi"). Aus Ruotsi wurde dann wahrscheinlich der Begriff Rus, der innerhalb kurzer Zeit auch auf die slawischen Stämme am mittleren Dnjepr übertragen wurde.

Die slawischen Stämme bezeichneten die Normannen als „warjagi", **Waräger** (Eidgenossen). Auf dem weit verzweigten Netz der Wasserwege drangen diese im weiteren Verlauf der Geschichte auf der **Wolga** bis zum **Kaspischen Meer** und auf dem **Dnjepr** bis zum **Schwarzen Meer** vor.

Die Kiewer Rus 862 bis 1240

An den wichtigsten Knotenpunkten dieser Verbindungswege nach **Byzanz** wurden befestigte Siedlungen angelegt, die sich immer weiter ausbreiteten und zu **Fürstentümern** wurden. An der Spitze dieser zunächst lockeren Föderation ostslawischer Fürstentümer stand der **Fürst von Kiew**.

Die Normannen, bzw. die Waräger, stellten die ersten Kiewer Fürsten **Askold**, **Dir** und **Rurik**. Alle späteren Fürsten, die **Rurikiden**, waren Nachkommen des normannischen Urvaters Rurik und miteinander blutsverwandt. Innerhalb weniger Jahrzehnte gaben diese ihre skandinavische Sprache auf und nahmen slawische Namen an.

Vom 10. Jh. bis Anfang des 13. Jh. bildeten die Rurikiden einen der größten und mächtigsten Herrschaftsverbände des Mittelalters, die **Kiewer Rus**. Zur Rus gehörten neben **Kiew**, **Tschernigow** und **Perejaslaw** noch die Fürstentümer **Nowgorod** und **Pskow** im Nordwesten, **Wladimir-Susdal** im Nordosten, **Polozk** und **Smolensk** am oberen Dnjepr sowie **Galitsch**

(Galizien) und **Wolhynien** im Südwesten. Zu den wichtigsten Aktivitäten des Adels gehörten sowohl Handels- als auch Kriegszüge in das mächtige byzantinische Reich.

Die Christianisierung

Die Christianisierung der Kiewer Rus ist zwei historischen Persönlichkeiten zu verdanken – **Fürstin Olga** und **Fürst Wladimir I.** Die verwitwete Fürstin Olga trat 945 für ihren noch minderjährigen Sohn **Swjatoslaw**, den ersten Großfürsten mit slawischem Namen, an die Spitze des Kiewer Fürstentums. Sie ließ sich von griechischen Popen, die in Kiew missionierten, zum **Christentum** bekehren und 957 in Konstantinopel taufen. Die Kaiserin von Byzanz verlieh ihr als Patin ihren eigenen Namen **Helena**.

Während der **Papst in Rom** das religiöse Leben im Westen bestimmte, war **Konstantinopel** das geistliche Zentrum der **Ostkirche**. Nach ihrer Rückkehr nach Kiew wandte sich Olga an den deutschen **König Otto I.** mit der Bitte, auch Missionare seiner **römisch-katholischen** Glaubensrichtung in ihr Reich zu schicken. Die deutsche Mission scheiterte 962 unter **Mönch Adalbert**, der 966 als **Erzbischof von Magdeburg** und Leiter der Slawenmission in Polen erfolgreich war.

Ein-Griwna-Note mit Fürst Wladimir I.

Der Wettstreit der beiden christlichen Konfessionen wurde 988 endgültig durch **Fürst Wladimir I.** für die **griechisch-orthodoxe** als Staatsreligion entschieden. 988 brach er zum Feldzug auf die taurische Halbinsel **Krim** auf, wo er den Stadtstaat **Chersones** von den Byzantinern erobern konnte. Er forderte **Anna**, die Schwester des christlichen Kaisers Wassilij, zur Frau und ließ sich als Zugeständnis in Chersones christlich taufen. Mit Hilfe **bulgarischer Geistlicher** wurde innerhalb kürzester Frist die gesamte Bevölkerung Kiews zwangsweise im Dnjepr getauft.

Die Annahme des Christentums war das wichtigste Ergebnis der ambivalenten russisch-byzantinischen Beziehungen. Damit gelang der Kiewer Rus der Anschluss an die höherstehende Kultur der christlichen Zivilisation byzantinischer Prägung. Jetzt wurden in der Kiewer Rus das **Schrifttum** eingeführt und zahlreiche Werke aus dem Griechischen ins **Kirchenslawische** übersetzt.

Die griechischen Brüder und „Slawenapostel" **Kyrillos** und **Methodios** aus dem damals zweisprachigen Saloniki hatten bereits um 860 ein auf griechischen Buchstaben basierendes Alphabet geschaffen und ihren südslawischen Heimatdialekt zu einer Schriftsprache ausgestaltet. Das so geschaffene Kirchenslawisch konnte von allen slawischen Stämmen verstanden werden.

Mit der Eheschließung zwischen Wladimir I. und Anna war die Kiewer Dynastie Mitglied des oströmischen Kaiserhauses geworden. Die damalige Bedeutung der Kiewer Rus in Europa verdeutlicht die Biographie der Nachkommen Wladimirs. Seine Töchter heirateten u. a. in das französische und ungarische Königshaus ein, seine beiden Söhne Swjatoslaw und Wsewolod vermählten sich mit griechischen Prinzessinnen. Auch andere Fürstengeschlechter in der Rus waren mit europäischen Adelshäusern verschwägert. In der Literatur werden 65 solcher Ehen erwähnt.

Blütezeit und Niedergang

Im 11. Jh. erlebte die Kiewer Rus ihre Blütezeit. Es setzte eine rege Bautätigkeit ein, der Handel und das Handwerk entwickelten sich. Kiew gehörte mit 40 000 Einwohnern zu den größten Städten Europas. Während der Regierungszeit **Jaroslaws des Weisen** entstanden die **Sophienkathedrale** und das **Höhlenkloster** am Steilhang des Dnjepr.

Das Herrschaftsgebiet des Kiewer Reiches erstreckte sich von der Steppengrenze südlich von Kiew bis nach Karelien im Norden, von den Karpaten im Südwesten bis an die Wolga und die Oka im Nordosten. Allmählich bildeten sich in dem von ostslawischen, finnischen, baltischen und turksprachigen Stämmen bewohnten, riesigen Reich drei ostslawische Gruppen heraus – die **Russen**, **Weißrussen** und **Ukrainer** – die sich sprachlich allmählich voneinander differenzierten.

Zwischen 1237 und 1240 eroberten die **Mongolo-Tataren** alle Fürstentümer der Kiewer Rus – außer Nowgorod – sowie Moskau und Twer und bedrohten auch Westeuropa. Die einzelnen Fürstentümer blieben zwar erhalten, wurden aber zu tributpflichtigen Vasallen (bis 1480) gegenüber dem mongolischen **Kha**n. Dieser mischte sich nicht in die inneren Angelegenheiten der Fürstentümer ein, sofern die Steuereintreiber erfolgreich waren.

Das weit im Südwesten gelegene Fürstentum **Galizien-Wolhynien** stand zwar auch unter mongolischer Herrschaft, befand sich aber in sicherer Entfernung zur Steppe, wo sich die Mongolen niedergelassen und ihre **Goldene Horde** gegründet hatten.

INFO: Ruthenen, Kleinrussen und Ukrainer
Der Begriff „Ukraine" kam erstmals Ende des 12. Jh. auf, als die Mongolen, die sich die Tataren gefügig gemacht hatten, aus den südlichen Steppen immer weiter nach Norden vordrangen und verschiedene Grenzregionen des Kiewer Reiches bedrohten. Diese Gebiete nannte man „u kraina" In der wörtlichen Übersetzung heißt dies „am Randgebiet". Das Substantiv „kraj" kann auch einfach als „Gebiet" übersetzt werden, das Adjektiv „krainij" bedeutet jedoch das „letzte", „äußerste".

*Unter **litauisch-polnischer** Herrschaft blieb „Rus" die Selbstbezeichnung der ostslawischen Bevölkerung, deren lateinische Form „Rutheni" war. Daraus entwickelte sich im Habsburger Reich die Bezeichnung „Ruthenen".*

*Als sich im 17. Jh. das unabhängige **Hetmanat der Kosaken** gebildet hatte, verstand man unter „Ukraine" das von den Kosaken verwaltete Gebiet östlich des Dnjepr und rund um Saporoshje. Erstmals wurde der Begriff Ukraine auch auf die Bevölkerung und die Sprache übertragen. Nach dem Anschluss dieses Hetmanats an Russland wurde **Kleinrussland** (russisch: Malorossija) bis 1917 zur offiziellen Bezeichnung für die ukrainischen Gebiete. Für die etwa 1,5 Millionen zählende Bevölkerung bürgerte sich der Name „Kleinrussen" ein. Gleichzeitig kam die Bezeichnung **Großrussland** (russisch: Welikaja Rossija) für die europäischen Gebiete des Zarenreichs auf.*

Unter polnisch-litauischer Herrschaft

Galizien-Wolhynien und das Großfürstentum **Litauen** kämpften nun um die Nachfolge der Kiewer Rus. Schließlich gelang es Litauen, den größten Teil der ostslawischen Fürstentümer einschließlich Kiew und Wolhynien zu erobern. **Galizien** fiel 1340 unter **polnische** Herrschaft.

Mit dem Zusammenschluss **Polens** und **Litauens** 1569 in der **Union von Lublin** zu einem Staat wurden alle ehemaligen ukrainischen Gebiete unter **polnische** Verwaltung gestellt. Die Freizügigkeit und Besitzrechte der orthodoxen ukrainischen Bauern wurden weiter eingeschränkt, die feudalen Abgaben erhöht. Dazu kamen massive Versuche, das Volk zum Katholizismus zu bekehren. Bauern und Leibeigene flüchteten in Scharen in die südöstlich gelegenen, unbesiedelten Steppengebiete am Dnjepr, wo sie sich den freien **Kosaken** anschlossen.

Die Kosaken
Schon ab der zweiten Hälfte des 15. Jh. hatten entflohene Sklaven der Türken, leibeigene Bauern, Stadtarme, Abenteurer und Glücksritter auf den **Dnjepr-Inseln** hinter den Stromschnellen am unteren Dnjepr Schutz im meterhohen Schilf gesucht. Hier, „im wilden Feld", war Niemandsland.

Ähnliche Verbände bildeten sich auch in den anderen Grenzgebieten des russischen Reiches wie am **Don**, an der **Wolga** und am **Terek** im Ural. Die Bezeichnung „Kosak" gaben sich die Männer selbst. Das Wort stammt ursprünglich aus dem **Turksprachigen**, wo es „Wachposten" oder „freier Krieger" bedeutete.

Die Saporoshjer Setsch

Diese verwegenen Männer „hinter den Stromschnellen" (russ. saporogami) lebten zunächst vom Fischfang, der Jagd, der Imkerei und von Beutezügen. Mitte des 16. Jh. schlossen sie sich zu einer militärischen Organisation zusammen, der **Saporoshjer Setsch**.

Das Verhältnis des polnischen Königs zu den Kosaken war zwiespältig. Einerseits waren sie ein Unruheherd, aber als Grenzwächter konnte er sie gebrauchen, da immer wieder Krimtataren weit auf polnisches Gebiet im Süden vordrangen. Ab der zweiten Hälfte des 16. Jh. nahm der polnische König erstmals ein Kosakenregiment in den Staatsdienst als Söldner zur Verstärkung des eigenen Heeres auf. Diese privilegierten **Registerkosaken** ließen sich in den neu errichteten polnischen Grenzfestungen im **Kiewer Raum** nieder. Sie verfügten teilweise über beträchtlichen Grundbesitz.

Unabhängig davon existierte die Saporoshjer Setsch als eigenes Zentrum weiter und war dem Zugriff des polnischen Königs entzogen. Die Kosaken stachelten die Bauern und Leibeigenen zu Protest und Widerstand gegen die polnischen Magnaten auf. Diese brachten immer mehr Land im Grenzgebiet an sich und die dort lebenden Bauern in ihre Abhängigkeit. Nicht selten zündeten die Ausgebeuteten die Häuser ihrer Herren an oder schlugen diese tot, ehe sie zu den Kosaken hinter die Stromschnellen flüchteten.

Der Aufstand des Bogdan Chmelnizkij

In den 30er Jahren des 17. Jh. kam es verstärkt zu Aufständen gegen die polnisch-litauische Herrschaft, denen sich auch die Registerkosaken anschlossen. Die Aufstände wurden von polnischen Truppen blutig niedergeschlagen, die Privilegien der Kosaken eingeschränkt.
Im April 1648 wurde auf der Dnjepr-Insel **Chortiza** unter **Hetman Bogdan Chmelnizkij** (1595–1657) ein erneuter Aufstand gegen die Fremdherrschaft beschlossen. Der ehemalige Registerkosake und Sohn eines Kleinadligen war mittellos in die Saporoshjer Setsch geflohen, nachdem ein polnischer Adliger ihm sein Gut streitig gemacht und einen seiner Söhne erschlagen hatte.
Einige Tage später brachen 3 000 Mann Richtung Kiew auf. Ein gelungener Überraschungsangriff auf ein polnisches Lager etwa 145 km südlich von

Kiew hatte Signalwirkung. Bauern und Leibeigene schlossen sich in Scharen den Aufständischen an, aber auch niedrige Adlige und Teile der Stadtbevölkerung unterstützten den Aufstand.

Fünf-Griwna-Note mit Bogdan Chmelnizkij

Das Hetmanat der Dnjepr-Kosaken

Im Ergebnis dieses Aufstandes schloss Chmelnizkij einen Vertrag mit dem polnischen König Jan Kasimir. Dieser erhöhte die Zahl der Registerkosaken auf 40 000. Die orthodoxe Kirche, der sich die Kosaken angeschlossen hatten, sollte nicht weiter diskriminiert werden. Die zuvor von polnischen Adligen abhängigen, ukrainischen Bauern waren zu freien Eigentümern geworden. **Kiew** und das nordöstlich davon gelegene **Tschernigow** wurde den Kosaken zugesprochen.

Damit kontrollierten die Kosaken ein riesiges Gebiet östlich des Dnjepr. Dieses als **Hetmanat** (poln. Hetman: Hauptmann) bezeichnete Gebiet mit 1,5 Millionen Bewohnern reichte von der heutigen Nordgrenze der

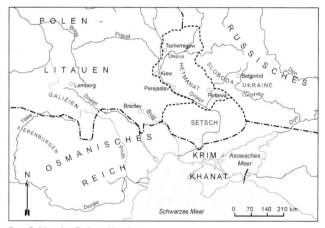

Das Gebiet der Dnjepr-Kosaken

Ukraine (und darüber hinaus) bis etwa 80 km südlich von Krementschug. Daran schlossen sich die autonomen Gebiete der Saporoshjer Setsch zu beiden Seiten des Dnjepr bis zum Südlichen Bug an. Die Grenze zum Osmanischen Reich Richtung Süden war fließend.

Polen-Litauen ließ das Hetmanat jedoch nicht in Ruhe. In den folgenden Jahren kam es immer wieder zu Übergriffen seitens polnischer Adliger, die in Gruppen mit Privatarmeen durch das Land zogen. Das Hetmanat der Dnjepr-Kosaken war dem Königreich Polen-Litauen allein nicht gewachsen. Das Bedürfnis nach einer starken **Schutzmacht** wurde immer dringender.

Der Vertrag von Perejaslaw

Den Gedanken, sich mit dem russischen Zaren zu verbünden, verfolgte Chmelnizkij bereits seit dem Aufstand von 1648. Doch alle Hilfegesuche waren abgelehnt worden, da der Zar den Konflikt mit Polen scheute. Im Oktober 1653 endlich beschloss die Moskauer Ständeversammmlung, das Hetmanat in den Verband des russischen Zarenreiches aufzunehmen.

Am 8. Januar 1654 trafen die Vertreter der Kosaken und des ukrainischen Volkes mit der russischen Gesandtschaft in **Perejaslaw**, einer der damals bedeutendsten Handelsstädte südlich von Kiew, zusammen. Im großen Kreis, in der **Rada**, schwuren alle Beteiligten den Eid auf Russland. Dieser Schwur wurde im Verlaufe des ganzen Jahres in allen Dörfern und Städten wiederholt.
Der Zar ließ sich auf die Forderungen Chmelnizkijs nach weitgehenden autonomen Rechten des Hetmanats vertraglich ein. Sie bestanden in eigener Verwaltung, Rechtssprechung, Bildungswesen und Handelsfreiheit. Als Gegenleistung wurde von den Kosaken militärische Unterstützung verlangt. Das Saporoshjer Heer sollte auf 60 000 Mann aufgestockt werden.
Mit dem Vertrag von Perejaslaw war Russland sozusagen polnisches Gebiet zu beiden Seiten des Dnjeprs über Nacht in den Schoß gefallen. Damit wollte sich Polen-Litauen nicht abfinden. In den folgenden 13 Jahren versuchte es, die verlorenen Gebiete von Russland zurückzuerobern.

Der Waffenstillstand von Andrussowo

Schließlich einigten sich die Kontrahenten auf die Teilung des Hetmanats. Der **Dnjepr** sollte ab sofort als Grenze gelten. Polen verzichtete auf die linksufrige Ukraine. Die unabhängige Saporoshjer Setsch am unteren Dnjepr kam vorübergehend unter das gemeinsame Protektorat. In dem **Friedensschluss** von 1686 wurden auch das am rechten Dnjeprufer liegende Kiew und Umgebung sowie die linksufrige Saporoshjer Setsch endgültig der Moskauer Oberhoheit unterstellt. Das Heer der Kosaken reduzierte sich durch die Teilung auf 30 000 Mann.
Damit gab es eine **russische Ukraine** am östlichen, linken Ufer des Dnjepr einschließlich Kiew, auch **Hetmanschina** genannt. Daneben existierte

am westlichen, rechten Ufer die **polnische Ukraine**. Hier wurde das Hetmanat schon 1699 wieder abgeschafft.

INFO: Kiew – die Mutter aller russischen Städte?
In der Phase des Zusammenbruchs der Sowjetunion und des Kampfes um staatliche Souveränität wurde die Frage nach der Existenzberechtigung eines eigenständigen ukrainischen Staates heftig diskutiert. Abgesehen davon, dass man zu sowjetischen Zeiten die Ukraine generell als russische Provinz betrachtete, war sie die strategisch und ökonomisch wichtigste Säule des Staatengebildes Sowjetunion.

*Seit dem 14. Jh. konkurrierte das Fürstentum **Moskau** mit Litauen im Kampf um die Nachfolge der Kiewer Rus, zumal bis 1613 alle Moskauer Fürsten aus der Dynastie der Rurikiden stammten. Im 16. Jh. gelang es Moskau, auch die Fürstentümer **Wladimir-Susdal**, **Twer** und **Nowgorod** an sich zu bringen.*

Bis heute streiten ukrainische und russische Historiker darüber, ob die Fürstentümer Wladimir Susdal und Moskau als direkte Erben des Kiewer Reiches angesehen werden können. Die ukrainische Geschichtsschreibung besteht darauf, dass das staatstragende Volk der Kiewer Rus das ostslawische Volk der Ukrainer gewesen sei, das einst – neben anderen slawischen Stämmen – das Kerngebiet um Kiew besiedelte.
Die russische Geschichtsschreibung betont dagegen, dass Kiew die gemeinsame Wiege der drei ostslawischen Völker und „Mutter aller russischen Städte" sei. Der Vertrag von Perejaslaw, mit dem 1654 das Kerngebiet der Kiewer Rus mit Russland vereinigt wurde, ist das markanteste Ereignis in den russischukrainischen Beziehungen. Die russische Seite interpretiert diesen Anschluss als Wiedervereinigung. Ursprünglich russische Gebiete seien an ihren rechtmäßigen Besitzer zurückgegangen, und demnach könne es kein Recht auf eine eigene Staatlichkeit der Ukraine geben.

Unter russischer Herrschaft

Mit Peter I. war ein Zar auf den Thron (1696–1725) gekommen, der Russland in eine europäische Großmacht verwandeln wollte. Dazu musste die schwedische Vorherrschaft im Ostseeraum zurückgedrängt werden. Um dieses Ziel zu erreichen, verbündete sich Russland mit Dänemark und Polen.

Im nun ausbrechenden **Nordischen Krieg** gegen Schweden kämpfte **Hetman Iwan Masepa** (seit 1687 im Amt) vertragsgemäß mit seinen Kosaken auf russischer Seite. Als **Peter I.** jedoch den in Bedrängnis geratenen Kosaken jegliche Hilfe verweigerte, lief Masepa mit einem Teil seiner Gefolgschaft zum schwedischen **König Karl XII.** über. Dieser ließ seine Truppen 1708 in die Ukraine einmarschieren.

Am 28. Juni 1709 kam es zu der entscheidenden **Schlacht bei Poltawa**, in der die Russische Armee mit Peter I. an der Spitze die Schweden in die Flucht schlug. König Karl XII. und Masepa flüchteten mit kleinem Gefolge über den Dnjepr, um in einer türkischen Festung Schutz zu suchen. Drei Monate später starb Masepa dort.

Nach dem Verrat Masepas schränkte **Peter I.** die Selbstverwaltung des Hetmanats ein, und seine Truppen übernahmen nun die Kontrolle. Ausserdem ließ er alle Saporoshjer Kosaken, derer er habhaft werden konnte, hinrichten. Die Überlebenden der Strafaktion flüchteten nach Süden in die Gebiete des Krim-Khans. Diejenigen, die sich dem Zaren unterwarfen, wurden zum Bau von **St. Petersburg** sowie von **Kanälen** in die eroberten Gebiete im Norden Russlands abkommandiert.

Nach Ende des Krieges 1720 übernahm ein „Kleinrussisches Kollegium" die Kontrolle über den Hetman, fungierte an dessen Stelle als Oberster Gerichtshof und verwaltete die Finanzen. Das Amt des Hetmans wurde nach dessen Tod nicht wieder besetzt. Das Hetmanat stand kurz vor seinem Ende. Doch nach dem Tod Peters I. ließ Zarin **Elisabeth I.** 1727 die Selbstverwaltung des Hetmanats wieder herstellen und einen neuen Hetman wählen. 1734 kehrten die geflohenen Saporoshjer Kosaken in ihre Setsch zurück.

Zehn-Griwna-Note mit Iwan Masepa

Katharina die Große
Als Tochter eines preußischen Fürsten und Generals erblickte Sophie Friederike Auguste von Anhalt-Zerbst im Mai 1729 in Stettin das Licht der Welt. Mit 15 Jahren kam die zukünftige russische Herrscherin auf Wunsch der Zarin nach St. Petersburg, wo sie sich Russisch-Orthodox taufen ließ. Ein Jahr später wurde sie 1745 als **Jekaterina Alexejewna** mit dem ungeliebten russischen Thronfolger **Peter III.** verheiratet. Der Enkel Peters des Großen bestieg im Januar 1762 den Thron, musste jedoch bereits im Juli durch einen von Katharina mitgetragenen Staatsstreich abdanken. Er kam in Arrest und wurde wenig später von Graf Alexej Orlow erwürgt.

Katharina die Große

So kam die preußische Fürstentocher mit 33 Jahren als **Zarin Katharina II.** (1762–1796) in Russland an die Macht. Katharina knüpfte an die Politik von Peter dem Großen an.

Im November 1764 schaffte sie das Amt des Hetmans endgültig ab und beauftragte wieder ein „Kleinrussisches Kollegium" mit der Verwaltung der Ukraine. Die Saporoshjer Setsch am unteren Dnjepr konnte ihre Unabhängigkeit zunächst noch erhalten.

Die Eroberung des Südens

An seiner südlichen Grenze stand Russland seit Mitte des 17. Jh. seinem mächtigsten Gegner, dem **Osmanischen Reich** gegenüber, das damals das heutige Rumänien, Griechenland, Arabien, Ägypten und die Türkei umfasste. Nach einem Grenzzwischenfall erklärte der türkische Sultan Russland 1768 den Krieg.

Die Russisch-Türkischen Kriege 1768–1792

Katharina II. war entschlossen, diesmal die modernisierte russische Flotte einzusetzen und fasste den kühnen Plan, die Türken im Mittelmeer anzugreifen. Mit Unterstützung englischer Marineoffiziere segelten 14 russische Schiffe von der Ostsee aus über den Ärmelkanal, den Atlantik und die Straße von Gibraltar ins östliche Mittelmeer. Dort vernichteten sie an einem Tag im Juli 1770 die aus 13 Linienschiffen bestehende türkische Flotte, die von dem unerwarteten Auftauchen der Russen in ihren Gewässern völlig überrumpelt wurde. Diese Schlacht bei **Tschesme** war der erste Seesieg in der russischen Geschichte.

Im Ergebnis dieses Russisch-Türkischen Krieges, der auch am Dnjepr, an der Donau und am Don geführt wurde, eroberte Russland wichtige Küstengebiete am Schwarzen Meer. Im Friedensschluss 1774 erhielt Russland das Recht auf freie Handelsschifffahrt durch den Bosporus und die Dardanellen zum Mittelmeer.

1783 annektierte Katharina II. die **Krim**. Im zweiten Russisch-Türkischen Krieg von 1787–1792 konnte mit Hilfe „getreuer Kosaken", die sich im Sinne der Zarin als zuverlässig erwiesen hatten, die Schwarzmeerküste zwischen Südlichem Bug und Dnjestr erobert werden.

Das Ende der Saporoshjer Setsch 1775

Nach dem siegreichen Ende des ersten Krieges hofften die daran aktiv beteiligten Saporoshjer Kosaken auf die Gunst Katharinas. Doch sie wurden gewaltig enttäuscht. Die Kosaken der Setsch waren Katharina als permanenter Unruheherd seit langem ein Dorn im Auge, verwalteten sie doch mit ihrer Setsch einen eigenen Staat im Staate. Außerdem waren sie als Grenzreiter überflüssig geworden. Katharina beschloss, die Saporoshjer Setsch zu eleminieren, sich ihr Land mit Gewalt anzueignen und zu besiedeln. Im Juni 1775 rückten russische Truppen ein, die die Kosaken als „Räuber", „Plünderer" und „Mörder" aus ihren Ländereien vertrieben.

*INFO: **Kosaken im 20. Jh.**: Mit dem Ausbruch der sozialistischen Oktoberrevolution 1917 wurden die Kosaken-Traditionen als konservativ-reaktionär verfolgt. Die sowjetischen Machtorgane sahen in den Kosaken potentielle Gegner, was dazu führte, dass sich viele von ihnen auf die Seite der konterrevolutionären Weißen Armee schlugen. Nach dem Ende des Bürgerkriegs und dem Sieg der Sowjetmacht 1920 gingen diese in die Emigration. Im Zweiten Weltkrieg kämpften auf deutscher Seite extreme ukrainische Nationalisten in Freiwilligenverbänden. Sie wurden 1945 von den westlichen Alliierten an die Sowjetunion ausgeliefert.*

*Mit dem Zerfall der Sowjetunion und der Bildung eines unabhängigen ukrainischen Staates erfuhr die Geschichte der Kosaken eine völlig neue Bewertung. Man besann sich auf die Zeiten des kosakischen Hetmanats als erster historischer Phase der ukrainischen Unabhängigkeit. **Iwan Masepa** (1639–1709), der wie kein anderer von der sowjetischen Geschichtsschreibung als adliger Landraffer, Intrigant, Opportunist und Verräter verrissen wurde, gilt in der heutigen Ukraine als **Volksheld**. Man sieht ihn als Verteidiger der Autonomie des Hetmanats gegen die Moskauer Oberherrschaft.*

*Die Portraits der beiden Kosakenführer **Chmelnizkij** und Masepa sind in historischer Reihenfolge auf den neuen Geldscheinen abgebildet .*

Die Erschließung Neurusslands

Es war Katharinas Ziel, den rückständigen und unterbevölkerten Agrarstaat Russland dem übrigen Europa durch Zivilisierung und Modernisierung ein gutes Stück näher zu bringen. Die Weidegebiete und fruchtbaren Schwarzerdeböden der eroberten Gebiete, die man **Noworossija** (Neurussland) nannte, sollten landwirtschaftlich genutzt werden. Neue Häfen sollten nicht nur militärischen Zwecken dienen, sondern auch den Außenhandel ankurbeln.

Fürst Grigorij Potjomkin

Mit der Umsetzung der Pläne für Neurussland wurde Fürst Grigorij Potjomkin (1739–91) beauftragt, den Katharina 1774 an ihren Hof berufen hatte. Er spielte in ihrem Leben eine wichtige Rolle als Liebhaber, Günstling und politischer Berater. Potjomkin begann 1776 als **Generalgouverneur** aller Südrussischen Provinzen mit der Vergabe der Kornfelder und Schafweiden der vertriebenen Kosaken und des Landes östlich des Dnjepr bis zum Südlichen Bug an Neusiedler. Die Kosaken siedelte Potjomkin zunächst in Dörfern an, wo er sie unter Kontrolle behalten konnte bzw. schickte sie als neue Einheit zur Verteidigung der Kuban-Region in den Kaukasus.

Die Besiedlung

Um die Besiedlung der riesigen Gebiete möglichst schnell abzuschließen, durchbrach Potjomkin mit Billigung der Kaiserin das Monopol des Landadels und vergab Güter auch an Nichtadlige. Neusiedler waren Bauern aus landarmen russischen Provinzen, entlaufene Leibeigene und landflüchtige Bauern. Aber auch speziell amnestierte Sträflinge (mit Ausnahme von Mördern) wurden auf Kosten der Krone umgesiedelt.

Wie schon 1763 an die Wolga, berief Katharina nun deutsche Handwerker aller Art sowie Bauern an den Dnjepr und in die Schwarzmeerregion. In Deutschland erschienen Anzeigen, in denen Siedler für Russland zu günstigen Bedingungen gesucht wurden. Mit der Aussicht auf kostenloses Land, Quartier, Saatgut, Vieh, Geräte, Glaubensfreiheit und Befreiung von der Steuer sowie dem Militärdienst kamen über 30 000 **Deutsche**, darunter viele **Mennoniten**, nach Russland.

INFO: Die Mennoniten (nach ihrem Begründer Menno Simons 1496–1561) sind gegen die Kindertaufe und taufen nur Erwachsene. Neben der Glaubensfreiheit vertreten sie die Kriegsdienstverweigerung und lehnen die Ehescheidung ab. Als 1850 Zar Nikolaj I. die Mennoniten zum Militärdienst zwingen wollte, gingen viele von Ihnen in die USA und nach Kanada, wo bis heute der Schwerpunkt ihrer Friedenskirche liegt.

Die Mennoniten ließen sich vor allem in der Gegend um das heutige Dnjepropetrowsk nieder. Hier entstanden bald ihre Kolonien mit christlichen Namen wie **Josefstal**, **Gnadenthal** und **Gnadensfeld**. In ihrer Heimat als Ketzer verfolgt, waren die Mennoniten in Neurussland als erfolgreiche Viehzüchter hoch angesehen und erhielten überdurchschnittlich große Landzuweisungen.

Andere deutsche Neusiedler erhielten Grundstücke in den neuen Gouvernements **Cherson** und **Taurien**, wo sie bald die wirtschaftlich gut gestellte, ländliche Mittelschicht ausmachten. Viele dieser „Schwarzmeerdeutschen" wurden zu erfolgreichen Ackerbauern und Gewerbetreibenden.

Die deutschen Siedler mit überwiegend lutherischer Konfession vermischten sich nicht mit ihren russisch sprechenden, orthodoxen Nachbarn. Sie blieben weitestgehend unter sich, heirateten untereinander, nahmen jedoch ukrainische Arbeitskräfte in ihre Dienste.
Der Kosaken-Oberschicht wurden Privilegien und materieller Besitz zugebilligt, so dass diese den Verlust ihrer Autonomie hinnahmen. Im Laufe der Zeit näherte sich deren Stellung der des russischen Adels an. 400 000 freie Kosaken ließen sich 1782 registrieren, wobei sie als **Wehrbauern** mit dem Recht auf Landbesitz in den Staatsdienst traten. Damit entgingen sie der Leibeigenschaft, die 1783 auch in der linksufrigen Ukraine eingeführt wurde.

Die Städtegründungen

Zwischen 1783 und 1794 wurden unter Katharinas Herrschaft in den ehemaligen Kosakengebieten und dem neu eroberten Land zahlreiche Städte angelegt, darunter das heutige **Dnjepropetrowsk** als Jekaterinoslaw, **Saporoshje** als Alexandrowsk, **Cherson**, **Sewastopol** und **Odessa**.

Die Städte wurden großzügig und nach einem gemeinsamen Plan mit rechtwinklig angeordneten Straßenzügen gebaut. Wasserverschmutzende Handwerksbetriebe und Manufakturen kamen stromabwärts an den Stadtrand. Kaufleute erhielten bevorzugt Grundstücke in den Zentren.

Die Arbeit der Gouverneure in den Provinzen wurde neu organisiert. Diese hatten jetzt nicht mehr Schmiergelder zu nehmen, sondern sich um den Bau von Straßen und Brücken und um die Verbesserung der Zustände in Gefängnissen und Waisenhäusern zu kümmern. In jeder Provinzhauptstadt entstanden Schulen, Impfstationen, Krankenhäuser und ein Amt für öffentliche Wohlfahrt.

Wirtschaftlicher Aufschwung

Aus England ließ Katharina neue landwirtschaftliche Techniken und Geräte einführen, um die Ertragsfähigkeit des Bodens zu erhöhen. Mit der Einfuhr von Webstühlen und der Zucht von Seidenraupen kam auch die Textilindustrie in Gang.

Die fruchtbaren Schwarzerdeböden mit hohen Erträgen ermöglichten den kommerziellen Anbau von Weizen und Gerste. Damit beschäftigten sich jedoch nicht die ukrainischen Bauern, sondern russische und polnische Adlige, denen der Staat große Latifundien verlieh, sowie deutsche Kolonisten. Während andere landwirtschaftliche Produkte wie Tabak, Zuckerrüben, Obst und Mais in Russland abgesetzt wurden, ging das Getreide fast ausschließlich in den Export und füllte die Staatskasse.

Über die neuen Schwarzmeerhäfen, insbesondere über das rasant wachsende **Odessa**, wurde der Außenhandel abgewickelt. In dieser Zeit machte sich die Ukraine einen Namen als „Kornkammer Europas", und Odessa avancierte zum wichtigsten Getreideexporthafen Russlands.

Neurussland bzw. die südliche Ukraine unterschied sich von den anderen russischen Gebieten durch ein rasches Bevölkerungswachstum und die bunte ethnische Mischung. Von der Leibeigenschaft waren hier dank der Privilegien der ausländischen Neusiedler und des hohen Anteils an Staatsbauern – die ehemaligen Kosaken – weniger Menschen als westlich des Dnjeprs betroffen. Dies alles trug zum Aufschwung von Landwirtschaft und Handel bei, wovon ganz Russland profitierte.

Knapp hundert Jahre später erlebte die südliche Ukraine durch den Abbau von Steinkohle und Eisenerz, den Bau von Eisenbahnlinien und die Dampfschifffahrt auf dem Schwarzen Meer einen beispiellosen industriellen Boom. Sie wurde zum Zentrum des Bergbaus und der Schwerindustrie des gesamten Russischen Reiches.

Die Polnischen Teilungen 1772–1794

Schon Iwan III. hatte im 15. Jh. erklärt, es könne keinen dauerhaften Frieden mit Polen geben, bevor nicht die orthodoxe Bevölkerung in das Russische Reich zurückgekehrt sei.

So erwies sich der 1686 geschlossene „Ewige Frieden" zwischen Russland und Polen als nicht haltbar. Ursache war der streng katholisch geprägte Nationalismus in Polen zum Schaden der orthodox Gläubigen – eine Politik, die vom Papst unterstützt wurde. Man verbot der orthodoxen Minderheit sowie den Lutheranern, Kirchen zu bauen und schloss sie von der Beamtenlaufbahn aus. Die russische Kirche bemühte sich vergeblich, beim polnischen König eine Änderung dieses Zustands zu erreichen.

Katharina II. sah sich gezwungen, immer mehr Truppen nach Polen zu entsenden. Unerwartet fand sie einen Bündnispartner im preußischen König **Friedrich dem Großen**. Dieser spekulierte seit langem auf das polnische Pommern (Westpreußen), das Brandenburg von Ostpreussen trennte. 1770 kam man in St. Petersburg nach zähen Verhandlungen auch mit der österreichischen Kaiserin **Maria Theresia** überein, sich gemeinsam ein Drittel Polens anzueignen. Als im August 1772 russische Truppen Warschau besetzten, ging es an die Aufteilung, die vom polnischen Sejm zähneknirschend geduldet wurde. Preußen erhielt die nordwestlichen Gebiete mit dem polnischen Pommern. Österreich erhielt Ostgalzien und Russland den Osten, etwa 88 000 km^2 Land zwischen der Dwina und dem Dnjepr mit 600 000 überwiegend orthodoxen Bewohnern.

DIE GESCHICHTE DER UKRAINE

Der Königskuchen

Katharina die Große teilt sich mit Joseph II. von Österreich und Friedrich dem Großen Polen wie einen Kuchen. Der polnische König Stanislav greift sich derweil verzweifelt an die Krone. (Kupferstich von Johann Esaias Nilson, 1772)

Beeinflusst vom Gedankengut der französischen Revolution, in der die Unabhängigkeit aller Völker ein Grundsatz war, gab sich Rest-Polen 1791 eine neue, demokratische Verfassung. Diese gipfelte in der Absichtserklärung, sich dem russischen Einfluss zu entziehen. Katharina dagegen war in Zeiten von Revolutionen an einer stabilen Westgrenze und einem schwachen Polen interessiert. Sie gewann Friedrich Wilhelm II. für ihre Pläne, der 1793 einer **zweiten Teilung Polens** zustimmte. Russland eignete sich Teile Litauens und der Ostsee sowie Wolhynien und Podolien westlich des Dnjeprs mit insgesamt 3 Millionen Menschen an. Preußen bekam Posen, Danzig, Thorn und Kalisch.

Der polnische König **Stanislaus II.** – ein ehemaliger Günstling Katharinas – war durch ihren Einfluss 1764 an die Macht gekommen. Während er der Teilung seines Landes zugestimmt hatte, regte sich in Polen der Widerstand. Im März 1794 kam es zu einem Aufstand in Warschau, den russische und preußische Truppen niederschlugen. Russland nahm sich in einer **dritten Teilung** Kurland, das heutige Weißrussland und den Rest von Litauen. Preußen bekam Warschau und alle nordwestlichen Gebiete Polens. Österreich erhielt Westgalizien und Krakau. Damit war Polen von der Landkarte Europas verschwunden.

INFO: Während der Napoleonischen Kriege kämpften polnische Truppen auf Seiten Napoleons, in der Hoffnung, das verlorene Territorium zurückzuerobern. Doch es kam anders, Napoleon wurde von Russland geschlagen. Auf dem Wiener Kongress 1815 wurde das 1807 von Napoleon gegründete Herzogtum Warschau in verkleinerter Form als Königreich Polen mit Russland vereinigt. Unter der Bezeichnung Kongress-Polen behielt es seine nationale Identität durch die polnische Sprache und Kultur. Erst im Oktober 1918 wurde Polen als Nationalstaat mit dem größten Teil Westpreußens sowie Posen und dem österreichischen Galizien neu gegründet.

Die Westukraine

Nach den polnischen Teilungen entstanden am rechten Ufer des Dnjeprs die Gouvernements Kiew, Podolien und Wolhynien unter russischer Herrschaft.

Während in Neurussland und in der linksufrigen Ukraine der ukrainische Adel und die Geistlichkeit mehr und mehr russifiziert wurden, arbeitete in der Westukraine die russische Regierung mit dem gutsbesitzenden polnischen Adel zusammen. Viele Städte blieben im Besitz polnischer Magnaten, darunter viele Kleinstädte mit überwiegend jüdischer Bevölkerung. Die Juden wurden jedoch vom Zaren als an der Kreuzigung Christi für schuldig befunden und daher nicht als „christlich" akzeptiert. Man versuchte, sie von der orthodoxen Bevölkerung abzusondern.

Während die reichen Adligen ihre Positionen ausbauen konnten, wurde die große Masse der kleinen polnischen Adligen nicht berücksichtigt. Ihr Aufstand 1830/31 missglückte, und die daran Beteiligten wurden enteignet. Jetzt führte Zar **Nikolaj I**. Russisch als Amtssprache ein. Die polnische Sprache wurde verdrängt, polnische Schulen und römisch-katholische Klöster geschlossen. Trotzdem zeigten die Maßnahmen gegen die polnische Kultur wenig Wirkung. Die Polen blieben in der rechtsufrigen Ukraine mit dem Mittelpunkt Kiew bis zum Zweiten Weltkrieg die kulturell und politisch bestimmende Gruppe. Für die ukrainischen Bauern blieb auch unter russischer Herrschaft als Leibeigene ihrer polnischen Herren alles beim Alten.

Die ukrainische Nationalbewegung

Ab Ende des 18. Jh. wurde ganz Europa von einer Welle nationaler Bewegungen erfasst. Vorausgegangen war die Unabhängigkeitserklärung der 13 britischen Kolonien in Nordamerika, die zur Gründung der USA am 4. Juli 1776 führte. In Europa erfasste das liberale Gedankengut der Französischen Revolution „Freiheit, Gleichheit, Brüderlichkeit" verschiedene ethnische Gruppen, die anfingen, Anspruch auf Nationalstaaten zu erheben.

Auch die Ukrainer des Russischen Reiches, vor allem die Kosakenoberschicht des ehemaligen Hetmanats und die von ukrainischen Adligen getragene Intelligenz, fingen an, sich mit Sprache, Kultur und Geschichte ihres Volkes zu beschäftigen. Diese russisch sprechenden Adelssöhne standen als Untertanen des Zaren zumeist in dessen Diensten. Zunächst duldete der Zar die ukrainophile Bewegung als Gegengewicht zur polnischen Nationalbewegung.

Unter polnisch-litauischer Herrschaft hatten Polnisch und Latein als Amts- und Literatursprache dominiert. Elemente der ukrainischen Volkssprache waren nur gelegentlich in Urkunden, Chroniken und weltliche Werke eingedrungen.

1798 erschien mit der „Eneida" erstmals ein Buch in ukrainischer Umgangssprache, dem bald weitere folgten. Die zu Beginn des 19. Jh. anonym entstandene „Geschichte der Rus" von der Kiewer Rus bis zur Kosakenzeit wurde 1846 auf russisch veröffentlicht und legte den Grundstein für ein Geschichtsbild aus ukrainischer Sicht.
Man besann sich auf die eigene nationale Tradition und versuchte, sich von polnischen und russischen Einflüssen abzugrenzen. Ukrainische Volkslieder,

Volksepen, Theaterstücke und Kosakengeschichten erfreuten sich auch in der russischen Hauptstadt St. Petersburg wachsender Beliebtheit. Darunter waren die 1835 veröffentlichten Erzählungen des ukrainischen Kleinadligen und Dichters **Nikolaj Gogol**, der mit „Taras Bulba" eine treffende Beschreibung der inneren Zustände der Saporoshjer Setsch lieferte.

Im Laufe der Jahre nahm die zunächst unpolitische ukrainische Bewegung konkrete politische Forderungen in ihr Programm auf. In diesem Zusammenhang steht der Name des ukrainischen Dichters und Malers **Taras Schewtschenko**.

Taras Schewtschenko

Taras Schewtschenko wurde im März 1814 als Sohn leibeigener Bauern in dem Dorf Morinzy, etwa 35 km von der Provinzhauptstadt **Tscherkassy** entfernt, geboren.

Mit 17 Jahren ging er als Kammerdiener mit seinem Gutsherrn nach St. Petersburg. Sein Talent fürs Malen wurde von einflussreichen Kunstfreunden entdeckt, die ihn 1838 freikauften. An der Petersburger Kunstakademie studierte er bis 1843 Malerei, wandte sich nebenbei aber schon der Dichtkunst zu. Es gelang ihm, verschiedene ukrainische Dialekte mit Elementen des Kirchenslawischen zu verbinden und so eine ukrainische Literatursprache zu schaffen. Schewtschenko gilt daher als Begründer der ukrainischen Nationalliteratur.

**Taras Schewtschenko –
Selbstportrait 1860**

1840 erschien seine erste Gedichtesammlung in ukrainischer Sprache unter dem Titel „Kobzar". (Die Kobza ist ein traditionelles Saiteninstrument, zu der Volkssänger bis heute ukrainische Weisen singen). In weiteren Gedichten pries er in Erinnerung an das Hetmanat die Kosakenzeit und beklagte den Verlust der Freiheit. Dabei sympathisierte er mit dem einfachen Volk, insbesondere mit den leibeigenen Bauern seiner Heimat und den einfachen Kosaken.

Dann begann er, sich in satirischer Weise mit den politischen Verhältnissen und der zaristischen Bürokratie auseinanderzusetzen. In seinem Poem „Vermächtnis" rief er schließlich 1845 seine Landsleute direkt zur Revolte gegen das Zarentum auf.

Mit **Nikolaj I.** war 1825 ein Zar auf den Thron gekommen, der das liberale Gedankengut der Französischen Revolution entschieden bekämpfte. In dem **Aufstand der Dekabristen** im Dezember 1825 hatten junge Adlige auch für Russland eine Konstitution verlangt. Nach der brutalen Niederschlagung dieser Revolte führte er drakonische Zensurbestimmungen ein, so dass während seiner Regierungszeit bis 1855 viele Intellektuelle, Dichter und Musiker das Land Richtung Frankreich verließen.

„Der Kobzar" von Ishakewitsch 1938

In diesem Klima wurde 1846 an der Universität in Kiew von Studenten und Professoren die **Bruderschaft der Heiligen Kyrill und Method** gegründet, die eine Föderation aller slawischen Völker unter der führenden Rolle der Ukraine, Abschaffung der Leibeigenschaft und Bildung für das Volk anstrebte. 1847 schloss sich Schewtschenko dem illegalen Geheimbund an. Dieser wurde jedoch schon bald verraten und seine Mitglieder verhaftet. Schewtschenko erhielt mit der Verbannung als einfacher Soldat in die Steppen Kasachstans die härteste Srafe von allen. Wegen Verbreitung revolutionärer Dichtungen wurde er außerdem mit Schreib- und Malverbot belegt. Besonders die Verse mit der Vision einer freien Ukraine ohne zaristische Unterdrückung sah Nikolaj I. als gefährlich an.

1857 wurde Schewtschenko begnadigt und kehrte, gesundheitlich ruiniert, nach St. Petersburg zurück. Hier schuf er die meisten Dichtungen. Einen Tag nach seinem 47. Geburtstag starb er dort am 10. März 1861. Er wurde zunächst in St. Petersburg beerdigt. Seinen Anhängern gelang es, den Behörden die Erlaubnis abzuringen, Schewtschenkos Leichnam nach Kanew zu überführen. Hier wurde er gemäß seinem Wunsch am Dnjepr-Ufer begraben. **Das Ende der Leibeigenschaft** hatte er gerade noch erleben können. Im Februar 1861 war sie abgeschafft worden.

Die sowjetische Kulturpolitik pflegte Schewtschenkos Andenken als das eines „revolutionären Demokraten". Teile seines Werkes allerdings, in denen er auf die Eigenständigkeit einer ukrainischen Kultur oder gar einer autonomen Ukraine innerhalb der Föderation aller slawischen Völker anspielte, wurden in Auswahlbänden nicht veröffentlicht.

Die ukrainische Nationalbewegung des 20. Jh., die sich Ende der 1980er Jahre mit Demonstrationen Gehör verschaffte, machte Schewtschenko zu ihrer Symbolfigur. Sein persönliches Schicksal als Prophet und Märtyrer prädestinierte ihn dazu. Zitate seiner Versdichtungen wie „Kämpft! Ihr werdet siegen! Gott hilft Euch siegen!" kursierten als geflügelte Worte, und sein Portrait wurde als Anstecknadel getragen.

Die Russifizierung

Nachdem es 1863 in der rechtsufrigen Ukraine zu einem weiteren Aufstand polnischer Adliger gekommen war, verschärfte Zar **Alexander II.** seine Ukrainepolitik. Er sah einen engen Zusammenhang zwischen dem polnischen und dem ukrainischen Problem und wollte die „Kleinrussen", Weißrussen und Litauer dem schädlichen Einfluss der polnischen Aufrührer entziehen. Alexander II. bezeichnete Ukrainisch jetzt offiziell als „durch polnische Elemente verdorbenen, russischen Dialekt".

Er verbot den Druck ukrainischsprachiger Schriften und den Unterricht in ukrainischer Sprache. Das Verbot dehnte er 1876 auch auf Theateraufführungen, Lieder und den Import ukrainischer Literatur aus Galizien aus. Dank der liberaleren Politik Österreichs gegenüber den Ukrainern und in Abgrenzung gegen polnische Einflüsse konnten hier weiterhin ukrainische Bücher verlegt und Bräuche gepflegt werden. Hier entwickelte sich die Literatursprache weiter. Außerdem wurde an der Lemberger Universität 1894 ein Lehrstuhl für ukrainische Geschichte eingerichtet.
Die rigorosen Verbote des Zaren führten zu einer Radikalisierung vieler Anhänger der ukrainischen Nationalbewegung. Sie orientierten sich zunehmend an der russischen Oppositionsbewegung, die den Sturz des Zarismus zum Ziel hatte. 1881 wurde Alexander II. von Anarchisten ermordet.

Unter dem Druck der **Ersten Russischen Revolution** von 1905 ließ sein Nachfolger **Nikolaj II.** zunächst einige bürgerliche Rechte und Freiheiten zu. In der Ukraine konnten ukrainischsprachige Zeitungen erscheinen und der Schulunterricht wieder in Ukrainisch abgehalten werden. Ein Teil dieser Zugeständnisse wurde 2 Jahre später wieder zurückgenommen.

Erster Weltkrieg und Revolution

Im Zusammenhang mit dem **Ersten Weltkrieg** sah Nikolaj II. in den Kriegsgegnern Deutschland und Österreich die Drahtzieher der ukrainischen Nationalbewegung. Als russische Truppen im Herbst 1914 in Ostgalizien einmarschierten, wurden sofort alle Publikationen und der Unterricht in der Muttersprache verboten.

Die bürgerlich-demokratische **Februarrevolution** von 1917 endete mit dem Sturz Nikolajs II. und führte zur Bildung einer Provisorischen Regierung in Petrograd. Schon kurz danach setzte sich auch in Kiew ein Parlament unterschiedlicher gesellschaftlicher Gruppen – **die Zentralrada** – zusammen. Im Juni 1917 erklärte sie die Autonomie der Ukraine und rief im November die **Ukrainische Volksrepublik** aus.

Die **Oktoberrevolution** 1917 veränderte das politische Kräfteverhältnis in Russland radikal zugunsten der revolutionären Bolschewiki. Diese strebten die zentrale Macht im Staat an und duldeten keinen Separatismus. Im Dezember 1917 rief in der ostukrainischen Stadt **Charkow** ein Kongress der Räte die **Ukrainische Sowjetrepublik** aus, die im März 1919 eine sozialistische Verfassung annahm.

Die Ukrainische Volksrepublik 1918–1920

Die Zentralrada in Kiew hielt dagegen und erklärte im Januar 1918 die **Unabhängigkeit** der Ukraine. Sie hoffte dabei auf die Unterstützung der Alliierten. Schon im März griffen Deutschland und Österreich ein und besetzten Kiew. Ende April wurde unter dem Großgrundbesitzer **Skoropadskij** ein neues Hetmanat gegründet, das im Dezember durch ein „Direktorium der Ukrainischen Volksrepublik" ersetzt wurde.

In der letzten Phase des Ersten Weltkrieges brach in der Ukraine ein verheerender **Bürgerkrieg** aus, in dem sich nicht nur Bolschewiki und antirevolutionäre Truppen gegenüberstanden. Auch polnische, national-ukrainische, rumänische, tschechische sowie die deutsch-österreichischen und französisch-britischen Interventionstruppen der Entente, die jeweils ihre nationalen Interessen vertraten, mischten mit. Dazwischen kämpften ukrainische Bauern und Kosakenformationen, die sich im Chaos das Land der Großgrundbesitzer aneigneten.

Von 1918–20 ging die Macht in Kiew neunmal von einer Hand in die andere. Als es im Juni 1920 den Bolschewiki gelang, Kiew endgültig einzunehmen, war die Ukrainische Volksrepublik gescheitert. Insgesamt vier nationale Regierungen hatten vergeblich versucht, während des Bürgerkrieges die Kontrolle zu übernehmen. Charkow blieb bis 1934 Hauptstadt der Ukrainischen SSR.

Bürgerkrieg 1918–20

Die Sowjetukraine

Die wirtschaftliche Lage war in der Ukraine nach 6 Jahren Krieg und Bürgerkrieg katastrophal, die Industrie weitgehend zerstört. Um die Landwirtschaft anzukurbeln, konzipierte **Lenin** 1921 die **Neue Ökonomische Politik** NEP. Dieses flexible Wirtschaftsprogramm förderte die Eigeninitiative und erlaubte den Bauern, ihre überschüssigen Erträge gegenüber dem abzuführenden Soll auf dem freien Markt zu verkaufen. Privatpersonen (auch Ausländer) erhielten Konzessionen zur Gründung industrieller Betriebe.

In der 1922 gegründeten **Union der Sozialistischen Sowjetrepubliken** waren viele Nationalitäten in einem Staat zusammengekommen. Lenin gestaltete die Nationalitätenpolitik flexibel. Die ukrainische Sprache und Kultur wurden systematisch gefördert, alle Führungspositionen in der Kommunistischen Partei der Ukraine mit Ukrainern besetzt.
Schwerpunkt der **Ukrainisierung** war das Schulwesen. Bis 1933 besuchten 88 Prozent der Schüler ukrainischsprachige Schulen. Es wurde eine ukrainische Presse geschaffen, kulturelle Veranstaltungen und Radiosendungen fanden in ukrainisch statt. Daneben gab es aber auch zahlreiche russische, polnische, deutsche und jiddische Schulen sowie Publikationen in diesen Sprachen.

Zwangskollektivierung und Stalinterror

Die Situation änderte sich ab 1929, als Stalin mit verstärkter Industrialisierung und Zwangskollektivierung der Landwirtschaft die Sowjetunion mit einem Schlag wirtschaftlich voranbringen wollte. Jeglicher Widerstand dagegen wurde eleminiert. Es kam zu einer Welle von Gewaltmaßnahmen, um die Bauern zum Eintritt in Kolchosen zu bringen. Gleichzeitig wurden Großbauern zum Klassenfeind erklärt, etwa 200 000 sogenannte Kulakenhöfe enteignet und die Bauern nach Sibirien deportiert. Tausende kamen dabei ums Leben. Der Zwangskollektivierung widersetzten sich insbesondere die ukrainischen Bauern, von denen viele lieber ihre Höfe anzündeten und ihr Vieh abschlachteten, als sich dem Zwang zu beugen. In den Jahren 1931–32 ging daraufhin die landwirtschaftliche Produktion drastisch zurück. Die Bauern wurden mit Gewalt gezwungen, ihre gesamten Ernteerträge abzuliefern. Wer sich weigerte, wurde standrechtlich er-

Kiew: Denkmal für die Hungeropfer

DIE GESCHICHTE DER UKRAINE

schossen. Die Folge war eine verheerende **Hungersnot** 1932/33, in der etwa 3,4 Millionen Menschen umkamen. Im selben Zeitraum fielen der sogenannten „Großen Säuberung" 1933 nicht nur die gesamte ukrainische Parteiführung, sondern auch ein großer Teil der ukrainischen Intelligenz wie Wissenschaftler, Lehrer, Priester etc. zum Opfer. 1934 gab die KP die von Lenin propagierte Nationalitätenpolitik mit Selbstbestimmungsrecht der Völker auf. Die neue Linie waren jetzt Stalinkult, Sowjetpatriotismus und **Russifizierung**. Die durch die „Säuberung" entstandenen Lücken wurden mit Russen aufgefüllt, die der neue Parteisekretär der ukrainischen KP **Nikita Chruschtschow** 1938 aus Russland mitbrachte. Im selben Jahr hielt die russische Sprache als Pflichtfach Einzug in die Schulen und Universitäten.

Der Zweite Weltkrieg

Kurz nachdem Hitler am 1. September 1939 Polen den Krieg erklärt hatte, überschritten sowjetische Truppen die Demarkationslinie, die im **Nichtangriffspakt** zwischen den deutschen und sowjetischen Außenministern Ribbentrop und Molotow vereinbart worden war. Sie besetzten Ostpolen mit **Ostgalizien** (Lwow/Lemberg) und Westwolhynien, die in das Sowjetsystem integriert wurden.

Am 22. Juni 1941 jedoch griff Deutschland die Sowjetunion völlig überraschend und ohne Kriegserklärung an. Die sowjetischen Großstädte wurden vom ersten Tag an bombardiert. Innerhalb weniger Monate war fast die gesamte Ukraine besetzt. Sie wurde zum Hauptkriegsschauplatz mit ungeheuren Menschenverlusten.

Das Vertreiben der Sowjetmacht erweckte zunächst bei vielen Ukrainern die Hoffnung auf nationale Unabhängigkeit. Im besetzten Lemberg bildete sich sogar eine **Ukrainische Nationalregierung**. Aber Nazideutschland brauchte die Ukraine nur zum Nachschub für Material und Arbeitskräfte. Über 1 Million Männer und Frauen wurden als **Zwangsarbeiter** nach Deutschland deportiert.

In der ersten Jahreshälfte 1944 tobten erbitterte Rückzugsgefechte in der gesamten Süd- und Ostukraine. Im Mai war die Krim befreit. Bis Ende September konnten alle ukrainischen Gebiete von den Sowjets zurückerobert werden. Damit war der Krieg für die Ukraine bereits 1944 beendet.

Die Konferenz von Jalta

Auf der Konferenz von Jalta vom 4.–11. Februar 1945 mit der Teilnahme von **Roosevelt**, **Churchill** und **Stalin** wurden u. a. die gemeinsame Nachkriegspoltik gegenüber Deutschland und die Westgrenzen der

Churchill, Roosevelt und Stalin (von links nach rechts) auf der Jalta-Konferenz 1945

Sowjetunion festgelegt. Die Ukraine, Weißrussland und Russland sollten als selbstständige Staaten Sitz und Stimme in den noch zu gründenden **Vereinten Nationen** (Oktober 1945) erhalten.

Das im Ersten Weltkrieg Polen zugesprochene Galizien sowie Westwolhynien gingen zurück an die Ukraine. Durch Bevölkerungsaustausch wurde Galizien geschlossen mit Ukrainern besiedelt. Diese seitdem umstrittene Westgrenze der Ukraine wurde 1975 im Rahmen der Europäischen Sicherheitskonferenz von Helsinki KSZE anerkannt und 1990 von Polen bestätigt. Als Ergebnis des Zweiten Weltkrieges kamen erstmals alle historisch ukrainisch besiedelten Gebiete in der Sowjet-Ukraine zusammen.

Die **Nachkriegsjahre** standen im Zeichen des Wiederaufbaus der zerstörten Städte und der Industrie. Gleichzeitig entwickelte Stalin ein diktatorisches Regierungssystem, das sich der Methoden des Terrors bediente. In der Ukraine wurden Mitglieder nationalukrainischer Organisationen, die teilweise mit den deutschen Besatzern zusammengearbeitet hatten, hingerichtet, in Straflager gesteckt oder deportiert.

Tauwetter unter Nikita Chruschtschow

Chruschtschow mit Maiskolben

Nach dem Tod Stalins 1953 setzte die sogenannte „Tauwetterperiode" ein, in der sich Nikita Chruschtschow von Stalins terroristischen Herrschaftsmethoden distanzierte und den Kurs der Nationalitätenpolitik änderte. Im Rahmen der **Entstalinisierung** wurden Personen, die in der Stalinzeit als Partei- und Staatsfeinde hingerichtet worden waren, rehabilitiert, Stalin- durch Lenindenkmäler ersetzt sowie Städte, Plätze und Straßen umbenannt.

Führungspositionen in der KP der Ukraine und Posten im ZK der KPdSU gingen nun verstärkt an Ukrainer. Um die brachliegende Landwirtschaft auf der Krim durch Bauern aus dem nördlichen Schwarzmeerraum möglichst schnell anzukurbeln, entschloss sich die Sowjetführung, die Krim aus der russischen Föderation herauszulösen und der Ukraine zu übertragen. Dies geschah symbolträchtig im Februar 1954 anlässlich der 300-Jahrfeier des Anschlusses der linksufrigen Ukraine an Russland.

Eine Schulreform von 1959 stellte die Wahl der Unterrichtssprache frei. In der Praxis hatte sich aber Russisch in der Ukraine schon so weit durchgesetzt, dass ukrainische Eltern ihre Kinder lieber weiterhin zu russischsprachigen Schulen schickten, um deren Berufschancen bei politischem Kurswechsel nicht zu gefährden.

Außenpolitisch vertrat Chruschtschow die **Friedliche Koexistenz** zwischen Staaten unterschiedlicher Gesellschaftsordnungen. Diese Politik provozierte Gegner in den eigenen Reihen. Chruschtschow fiel in Ungnade und wurde im Oktober 1964 aller Ämter enthoben.

Die Breshnjew-Ära

Der führend an Chruschtschows Sturz beteiligte **Leonid Breshnjew** wurde neuer Parteichef und übernahm zusammen mit dem Ministerpräsidenten **Alexej Kossigyn** und **Nikolaj Podgorny** die Führungsspitze. Unter diesem Triumvirat setzte wieder eine verschärfte Reglementierung des kulturellen Lebens ein, Stalin wurde partiell rehabilitiert.

Vor allem in der Ukraine hatten Schriftsteller, Historiker und Wissenschaftler als „Dissidenten" unter Repressalien und unter Druckverboten zu leiden, da man die wieder erwachte nationale Bewegung in der Ukraine als besonders gefährlich einstufte. Russisch sollte in der gesamten Sowjetunion zur Verwaltungs- und Bildungssprache werden mit dem langfristigen Ziel, alle Nationalitäten zu einem Sowjetvolk zu vereinen.

Während die Westukrainer ihre sprachliche und kulturelle Identität weitestgehend beibehalten konnten, setzte die russische Sprache in der Süd- und Ostukraine ihren Siegeszug fort. Russisch wurde zur Sprache der Gebildeten, Ukrainisch war nur noch in den sozialen Unterschichten und den Bauern auf dem Land verbreitet.

Nach Breshnjews Tod 1983 kam zunächst **Jurij Andropow** an die Macht. Der moderate Politiker starb eines plötzlichen, wahrscheinlich unnatürlichen Todes. Danach wurde der Breshnjew-Zögling **Konstantin Tschernenko** zum Generalsekretär gewählt. Dieser starb nach kurzer Amtszeit an einem Herzinfarkt.

Michail Gorbatschow und die Perestroika 1985–1991

Die Wahl **Michail Gorbatschows** zum Generalsekretär der KPdSU im März 1985 markierte eine entscheidende Wende in der sowjetischen Wirtschafts- und Innenpolitik. Mit **Perestroika** „Umgestaltung" strebte Gorbatschow, der an die Politik Andropows anknüpfte, eine Reform der angeschlagenen Wirtschaft an. Unter der Führung der KP sollten marktwirtschaftliche Elemente die Rentabilität der Wirtschaft steigern. Aber Unfähigkeit, Willkür der Behörden und die Halbherzigkeit der Maßnahmen machten positive Ansätze in kurzer Zeit zunichte. Viele private Kooperativen scheiterten an dem Verbot, mit konvertierbarer Währung zu arbeiten, während gleichzeitig die Inflation den bescheidenen Gewinn auffraß. Das Haushaltsdefizit wuchs unaufhaltsam und wurde nur noch von einem Defizit an Waren übertroffen.

Glasnost

Mit Glasnost „Transparenz" hatte Gorbatschow jedoch den Weg für Meinungsvielfalt und eine demokratische Öffentlichkeit geebnet. Literatur und andere Publikationen, die zuvor auf dem Index standen, kamen auf den Markt. „Dissidenten" und politische Häftlinge, darunter überdurchschnittlich viele Ukrainer, wurden aus Lagern, Gefängnissen und psychiatrischen Anstalten entlassen.

Idealisiertes Portrait von Gorbatschow

Besonders in der Westukraine mit dem Zentrum Lwow und in Kiew hatte sich in den 1960er und 1970er Jahren eine nationalukrainische Opposition formiert. Diese war öffentlich gegen die Russifizierung aufgetreten und hatte sich für die Entwicklung einer ukrainischen Kultur ausgesprochen. Ihre Vertreter spielten in der Unabhängigkeitsbewegung Ende der 1980er Jahre eine zentrale Rolle.

Die Verharmlosung der Reaktorkatastrophe von **Tschernobyl** 1986 durch die Behörden mobilisierte erstmals in großem Maßstab die Bevölkerung, unter der das ökologische und politische Bewusstsein gewachsen war. Es kam zu einer breiten Bewegung für die Unabhängigkeit, die von verschiedenen politischen Gruppen, Studenten, der Frauenbewegung, den „Grünen" u.a. getragen und auch von Teilen der Armee unterstützt wurde.
Auf Initiative des Schriftstellerverbandes wurde im Herbst 1989 die „Volksbewegung der Ukraine für Perestroika" **Ruch** ins Leben gerufen. Unter den 1109 Versammelten waren auch 228 Kommunisten. Im Januar

1990 bildeten Sympathisanten der Ruch eine 540 km lange Menschenkette zwischen Lwow und Kiew.

Im Februar 1990 wurden die Weichen für den endgültigen Zusammenbruch der UdSSR gestellt. Durch Abschaffung der verfassungsmäßig festgelegten führenden Rolle der KPdSU war der Weg für ein demokratisches **Mehrparteiensystem** frei. In der gesamten Sowjetunion bildeten sich Volksfronten und politische Parteien. Bei den Parlamentswahlen im März 1990 errang in der Ukraine die von Ruch angeführte Oppositionsbewegung 117 von den 450 Mandaten im Obersten Sowjet bzw. in der Obersten Rada.

Demonstration am Chmelnizkij-Denkmals

Unterstützung erhielt die Opposition auch von der Gewerkschaft der Bergarbeiter, die im Juni 1990 massiv den Rücktritt der Regierung forderte und die KP des Verrates an den Interessen des Volkes bezichtigte. Mit anschließenden Streiks wollten die **Bergarbeiter** den Rückzug der KP aus gesellschaftlichen Schlüsselpositionen wie der Produktion, der Armee und der Justiz erreichen. Unter diesem Druck und angesichts von hunderttausenden von Parteiaustritten aus der KP nahm der Oberste Sowjet im Juli 1990 mit den Stimmen der Kommunisten die Deklaration zur staatlichen **Souveränität der Ukraine** im Rahmen der UdSSR an. Wichtig für die weitere Entwicklung war, dass wesentliche Forderungen der Ruch vom ukrainischen Parlament, in dem die Kommunisten unter Parlamentspräsident **Krawtschuk** die Mehrheit stellten, übernommen wurden.

Der Zusammenbruch der Sowjetunion

Vom 19.–21. August 1991 hielt ein **Putsch** in Moskau die Weltöffentlichkeit drei Tage lang in Atem. Teile der Armee und der KP versuchten, den sich abzeichnenden Zusammenbruch der Sowjetunion mit Gewalt zu verhindern. Sie nutzen dabei die Abwesenheit Gorbatschows aus, der in seiner Datscha auf der Krim unter Arrest gestellt wurde.

Presseorgane – außer der Prawda – durften nicht mehr erscheinen. Doch die Moskauer Bevölkerung verteidigte unter der Führung von **Boris Jelzin**, der erst im Juni 1991 zum **Präsidenten Russland**s gewählt worden war, das „Weiße Haus". Teile der Armee wechselten die Fronten, der Putsch misslang. Da die Kommunistische Partei nun offiziell von Jelzin als Drahtzieher der Militäraktion beschuldigt wurde, trat Gorbatschow am 24. August als **Generalsekretär der KPdSU** zurück. Unter dem Eindruck des Putsches in Moskau erklärte am 24. August 1991 der Oberste Sowjet der Ukraine die staatliche **Unabhängigkeit der Ukraine**. Eine Woche später wurde die KP verboten (seit Mai 1993 wieder zugelassen).

Am 21. Dezember erfolgte die Gründung der **Gemeinschaft Unabhängiger Staaten** GUS, der alle Staaten der ehemaligen Sowjetunion, außer den drei Baltischen Republiken, beigetreten sind. Am 25. Dezember nahm Gorbatschow auch als **Präsident** der inzwischen aufgelösten **Sowjetunion** seinen endgültigen Abschied.

INFO: Gorbatschow-Datscha

Kurz nach Beginn seiner Amtszeit 1985 gab der damalige Vorsitzende der KPdSU Michail Gorbatschow den Bau einer Regierungs-Datscha an der Südspitze der Krim bei der Ortschaft Foros in Auftrag. Von dem nahe gelegenen Kap Sarytsch (abgeleitet von dem türkischen Wort „sary" = „gelb") sind es nur 264 km Luftlinie bis zur türkischen Küste. Ein Leuchtturm markiert diese Stelle.

Auf der 50 Hektar großen Anlage, die 1990 fertiggestellt wurde, befinden sich neben dem großzügigen Wohnhaus mit drei Stockwerken Wirtschafts- und Verwaltunggebäude, ein Schwimmbad, eine Anlegestelle, ein Hubschrauberlandeplatz, ein Sendeturm etc. Der Park wurde im Wesentlichen aus Bäumen und Sträuchern gestaltet, die man dem öffentlichen Botanischen Garten östlich von Jalta entnommen hatte.

Der Bau hat insgesamt 300 Millionen Dollar an direkten Kosten verschlungen – eine Ausgabe, die die Bevölkerung unmittelbar nach der Reaktorkatastrophe von Tschernobyl nicht gerade begeisterte.

Die Datscha brachte Gorbatschow als erstem und letzten sowjetischen Präsidenten (ab 1990) jedoch kein Glück. Als er sich im August 1991 hier mit seiner Familie zum Sommerurlaub aufhielt, überraschte ihn der Putschversuch in Moskau. Alle Telefon- und Fernmeldeverbindungen wurden gekappt, er und seine Familie – von der Außenwelt abgeschnitten – drei Tage lang im Gebäude festgehalten.

Nach dem Zusammenbruch der Sowjetunion stritten sich die Moskauer, die Kiewer und die Simferopoler Administration um die Besitzrechte. Der Streit ging schließlich zugunsten Kiews aus, aber die Datscha wurde danach von ukrainischen Präsidenten nur gelegentlich genutzt.

Auf der Fahrt von Sewastopol nach Jalta kann man vom Bus aus einen Blick auf die Dächer der Anlage werfen, von der Seeseite aus ist sie an der Küste zu erkennen.

Die Ukraine als unabhängiger Staat

Die Staatsbildung

In einer Volksabstimmung am 1. Dezember 1991 bestätigten 90 % der Bürger die am 24. August proklamierte Unabhängigkeit der Ukraine. Auf der Krim stimmten nur 54 % dafür.

Bei den gleichzeitig stattfindenden Präsidentenwahlen wurde der amtierende Parlamentspräsident **Leonid Krawtschuk** mit 61 % der Stimmen zum **Präsidenten** der Ukraine gewählt. Dieser hatte schon im August sein Parteiamt als stellvertretender KP-Chef niedergelegt. Sein Gegenkandidat **Wjatscheslaw Tschernowil**, ein aus der Lagerhaft entlassener Aktivist der Oppositionsbewegung aus den 1960er Jahren, erhielt nur 23 % – davon die meisten aus der Westukraine.

Der Dreizahn

Nachdem das gemeinsame politische Ziel der Unabhängigkeit erreicht war, bestanden die ersten Maßnahmen der Regierung Krawtschuk darin, die Staatssymbole einzuführen, derer sich auch schon die Ukrainische Volksrepublik von 1918–20 bedient hatte. Im Januar 1992 wurde „Schtsche ne wmerla Ukraina" (Noch ist die Ukraine nicht gestorben) zur neuen **Nationalhymne**. Das Lied hatte 1863 der Kämpfer für die nationale Unabhängigkeit Tschubinskij während seiner Verbannung in Archangelsk geschrieben. Es folgte die **blau-gelbe Staatsflagge**, die die weiten, von der Sonne verwöhnten Getreidefelder symbolisiert, über die sich der blaue Himmel wölbt. Der nach oben gerichtete **Dreizahn**, der als Hoheitszeichen schon in der Kiewer Rus im 10. Jh. auf Münzen in Umlauf war, wurde zum **Staatswappen**.

INFO: Das Politische System der Ukraine

*Die **Verfassung** (zuletzt 2006 verändert) basiert auf den Prinzipien eines sozialen und demokratischen Rechtsstaates mit Gewaltenteilung und Volkssouveränität unter Wahrung der Menschenrechte. Das Privateigentum der Bürger steht unter Schutz.*

*Die **Exekutive** liegt in der Hand des **Präsidenten** und des **Premierministers**. Der Präsident wird alle 5 Jahre in Direktwahl vom Volk gewählt. Er schlägt den Premierminister sowie die 35 Minister der Regierung vor. Diese müssen jedoch vom Parlament, der **Obersten Rada** (ukrainisch: Werchowna Rada), bestätigt werden. Das Parlament besteht aus 450 Abgeordneten und wird alle 4 Jahre vom Volk gewählt. Gemäß der 2006 in Kraft getretenen Verfassungsänderung* werden alle Abgeordneten ausschließlich über Parteienlisten (und nicht mehr zu 50% in Direktwahl) ins Parlament gewählt. Die Rada kann die Regierung stürzen.

Sprachenpolitik

Seit 1990 steht die Förderung der ukrainischen Sprache in Schulen und Behörden auf der Tagesordnung, um langfristig Russisch als Kultur- und Verwaltungssprache abzulösen. Während Ukrainisch in der Westukraine und im Zentrum weit verbreitet ist, beherrscht bis heute etwa die Hälfte der Gesamtbevölkerung der Ukraine die Staatssprache nicht. Deshalb wurde festgelegt, dass alle Bürger das Recht haben, sich auch der russischen Sprache zu bedienen. In einem Minderheitenschutzgesetz von 1992 wurden die Sprachen der ethnischen Minderheiten garantiert, d. h. sie haben das Recht, in muttersprachlichen Schulen unterrichtet zu werden. Größte nationale Minderheiten sind nach den **Russen** die **Belorussen**, **Moldawier**, **Bulgaren**, **Polen**, **Ungarn** und **Rumänen**, die zumeist in den jeweiligen Grenzgebieten leben. Auf die Krim sind inzwischen knapp 260 000 turksprachige **Tataren** zurückgekehrt.

Im Unterschied zu den Baltischen Republiken gab es in der Ukraine keine ernsthaften Tendenzen, die etwa 12 Millionen Russen zu diskriminieren. Um die Verbreitung der ukrainischen Sprache zu fördern, griff die Regierung jedoch auch zu sehr umstrittenen Maßnahmen. So wurden im November 2008 alle russischen Fernsehsendungen, die nicht ins Ukrainische übertragen wurden, verboten. Folge war die Abschaltung von vier russischen Fernsehkanälen. Nur in Sewastopol und Donezk, deren Bevölkerung fast ausschließlich aus Russen besteht, können die Sendungen noch empfangen werden.

Die Wirtschaftskrise

Unter dem ersten ukrainischen Präsidenten Krawtschuk, der sich vorrangig mit nationalpolitischen Fragen beschäftigte, wurde die dringend notwendige Wirtschaftsreform von Anfang an vernachlässigt. Um nicht vom Rubel abhängig zu sein, scherte die Ukraine im November 1992 aus der Rubelzone aus und führte die Übergangswährung „Karbowanez" ein. Im Ergebnis musste die Ukraine den gesamten Außenhandel mit den Staaten der GUS in harter Währung und zu Weltmarktpreisen abwickeln. Das betraf vor allem Erdöl- und Erdgaslieferungen aus Russland. Als das Geld fehlte, drehte Russland den Hahn – im wahrsten Sinne des Wortes – zu. Aufgrund der daraufhin ausbrechenden **Energiekrise** wurde in der gesamten Ukraine der Strom stundenweise abgeschaltet. Betriebe mussten ihre Produktion zurückfahren oder aufgrund fehlender Zulieferungen schließen. Es kam zu dramatischen Steuerausfällen. Eine verheerende Inflation von bis zu 1 000% machte die Wirtschaftskrise im Sommer 1993 perfekt.

Die Regierung Leonid Kutschma

Bei den Präsidentenwahlen im Juli 1994, die auf Druck der Bergleute vorgezogen wurden, ging **Leonid Kutschma**, ehemaliger Betriebsleiter eines der größten Rüstungsbetriebe in Dnjepropetrowsk, als Sieger hervor. Kutschma hatte neben einer Verbesserung der Beziehungen zu Russland – was vor allem der mehrheitlich russische Bevölkerungsanteil der Süd- und Ostukraine sowie der Krim forderte – eine umfassende Wirtschaftsreform durch Entstaatlichung und Privatisierung versprochen

Leonid Kutschmas Portrait bei einer Brückeneinweihung in seiner Heimatstadt Dnjepropetrowsk

Ausschlaggebend für die weitere wirtschaftliche Entwicklung waren **Kredite** des Weltwährungsfonds IWF und der Weltbank, die nach Kutschmas Wahlsieg und verstärkt ab 1998 gewährt wurden. Die Kredite sollten dazu dienen, die Landwirtschaft und den Kohlebergbau umzustrukturieren (z. B. durch Schließung unrentabler Zechen) sowie den Finanzsektor, das Steuer- und Verwaltungswesen umfassend zu reformieren. Außerdem konnten ein Teil der Schulden an Russland getilgt und das Verhältnis zu diesem wichtigsten Partner durch Wirtschafts- und Freundschaftsverträge 1995 und 1997 entscheidend verbessert werden.

Nachdem die Inflation gestoppt war, wurde im Herbst 1996 die neue Währung **Griwna** (UAH) im Verhältnis 1:1 zur DM eingeführt. Im Sommer 2008 lag der Kurs bei 1 € = 6 Griwna, im Januar 2009 bei 1 € = 11 Griwna.

Ende 1997, als das Bruttoinlandsprodukt (BIP) nur noch etwa 40 % des Niveaus von 1989 betrug, griffen die Reformmaßnahmen. Ein weiterer Niedergang der Wirtschaft konnte verhindert werden.
Nachdem 2000 das BIP erstmals wieder um 5 % gestiegen war, betrug die jährliche Wachstumsrate in den letzten 5 Jahren vor dem Ausbruch der weltweiten Wirtschaftskrise im Oktober 2008 durchschnittlich 6–7 %.

Die Macht der Oligarchen

Bei der wirtschaftlichen Umstrukturierung während der Amtszeit Leonid Kutschmas (1994 bis Ende 2004) griff vor allem der Personenkreis zu, der im dichtesten an der Quelle saß. Strategisch wichtige Staatsbetriebe der Metallurgie, Chemie und des Energiesektors wurden unter dubiosen Umständen zu Schleuderpreisen an Interessenten aus dem Umfeld des Präsidenten verhökert. So konnten sich politische Freunde, Parlamentarier sowie Verwandte Kutschmas lukrative Objekte aller Art zu einem Spottpreis aneignen. Innerhalb weniger Jahre entstand so eine Schicht neureicher Dollarmillionäre und -milliardäre, von denen etliche als **Oligarchen** die Politik in ihrem Sinne mitbestimmen. Heute befinden sich 14 000 von 18 000 großen Aktiengesellschaften in den Händen von nur 100 Personen. Spitzenreiter ist der Ostukrainer **Rinat Achmetow**, der es zu einem Firmenimperium mit zwei Stahlwerken, mehreren Kohlegruben, Kokereien, Medien, Banken und Versicherungen gebracht hat. Mit geschätzten 7,3 Mrd. US-Dollar Privatvermögen führt er die Liste der 7 Milliardäre in der Ukraine an und wird an 6. Stelle unter den zehn reichsten Politikern der Welt geführt. Er sitzt heute für Kutschmas politischen Freund Janukowitsch und dessen „Partei der Regionen" im Kiewer Parlament.

Das schwere Erbe und Krise der „Orangen Revolution"

Nach dem spektakulären Sieg Juschtschenkos bei den Präsidentenwahlen im Dezember 2004 machte sich Premierministerin Timoschenko mit großem Elan an die Überprüfung der zu billig verkauften Staatsbetriebe. Auf ihrer Liste standen 3000 Unternehmen, deren neue Besitzer zu Nachzahlungen verpflichtet oder die Privatisierung rückgängig gemacht werden sollten.

Anfang März 2005 erklärte der Oberste Gerichtshof die besonders umstrittene Privatisierung des ostukrainischen Stahlgiganten „Kriwojrishstal" für illegal. Das Unternehmen, das jährlich rund 300 Millionen Dollar Gewinn abwarf, war 2004 zum Schnäppchenpreis von 850 Millionen Dollar an Kutschmas Schwiegersohn und Milliardär **Viktor Pintschuk** gegangen. Andere Interessenten hatten deutlich mehr geboten. Im Oktober 2005 erhielt dann die deutsche Tochter des Stahlkonzerns **Mittal Steel** für 4,79 Mrd. US-Dollar den Zuschlag. Seitdem ist Deutschland der größte Direktinvestor in der Ukraine.

Schon nach 9 Monaten Amtszeit wurde im September 2005 die Glaubwürdigkeit des „Traumpaars" Juschtschenko-Timoschenko, die für Ehrlichkeit und Moral angetreten waren, durch massive Korruptionsvorwürfe gegen engste Mitarbeiter erschüttert. Außerdem fiel Juschtschenkos Sohn Andrej unangenehm auf, als er im dicken BMW durch Kiew brauste und die Symbole der orangen Revolution vermarktete.

Julia Timoschenko geriet unter Verdacht, bei der Reprivatisierung des zu billig verkauften Metallurgiewerks Nikopol zugunsten eines ihr wohlgesonnenen Wirtschaftsclans zu handeln.

Viktor Juschtschenko und Julia Timoschenko im November 2004,
Foto: picture-alliance/dpa

Präsident Juschtschenko sah sich daraufhin gezwungen, die Regierungschefin und fast das gesamte (unter sich zerstrittene) Führungsteam zu entlassen.

Nach den Parlamentswahlen im März 2006, bei denen Janukowitschs „Partei der Regionen" mit rund 32 % der Stimmen den Sieg davontrug, avisierten Timoschenkos „BJuT", Juschtschenkos „Unsere Ukraine" und die Sozialisten in einem Koalitionsvertrag zunächst einen Neustart des „Orangen" Bündnis. Doch das Projekt scheiterte Anfang Juli, als sich Sozialistenführer Olexander Moros überraschend von der Partei der Regionen zum Parlamentssprecher wählen und damit abwerben ließ. Die nun gebildete „Antikrisenkoalition" zwischen der „Partei der Regionen", den Sozialisten und den Kommunisten wählte **Janukowitsch** zum **Ministerpräsidenten**.
Der Block „BJuT" ging gleich in die Opposition, „Unsere Ukraine" folgte etwas später.
In der Folgezeit wurde die ukrainische Parlamentspolitik durch einen grundlegenden **Machtkampf** zwischen Präsident und Ministerpräsident geprägt. Während Juschtschenko zwischen Kompromiss und Widerstand schwankte, arbeitete Janukowitsch mit Dollar-Millionen von Oligarch Rinat Achmetow zielstrebig an weiteren politischen Abwerbungen aus dem Lager der Opposition, um eine verfassungsändernde Mehrheit von 300 Abgeordneten zu erreichen. Janukowitsch ließ schon mal durchblicken, dass er in der Zukunft die Wahl des Präsidenten durch das Parlament (und nicht durch das Volk) für möglich halte. Nachdem 11 Parlamentarier die Fronten gewechselt hatten, zog Juschtschenko im April 2007 die Notbremse und verfügte die **Auflösung des Parlaments** mit vorgezogenen Neuwahlen. Nach anfänglichem heftigem Widerstand stimmte schließlich auch die „Antikrisenkoalition" zu, und die Neuwahlen wurden für den Herbst 2007 festgelegt.

Neustart und Zerfall der Orangen Koalition

Obwohl bei diesen vorgezogenen Parlamentswahlen die Partei der Regionen mit 34% erneut als Wahlsieger hervorging, gelang es dem Block Timoschenkos „BJuT" und Juschtschenkos Wahlbündnis „Unsere Ukraine" diesmal, mit einer hauchdünnen Mehrheit (227 von 450 Sitzen) im November 2007 eine nunmehr „Demokratische Koalition" zu bilden. Die Sozialisten unter „Verräter" Moros scheiterten knapp an der 3%-Hürde.

Kaum im Amt, richtete die neue Regierung ein Schreiben an die NATO, in dem sie um Anschluss an den Aktionsplan zur **NATO-Mitgliedschaft** der Ukraine ersuchte. Aber gerade die angestrebte NATO-Mitgliedschaft ist seit Jahren der größte Zankapfel zwischen der pro-westlichen Regierung Juschtschenkos und der russlandtreuen Fraktion Janukowitschs. Auch die ukrainische Bevölkerung lehnt diesen Anschluss inoffiziellen Umfragen zufolge mit 55% mehrheitlich ab, auf der Krim sind es sogar 99% der Befragten. Nach dem Bekanntwerden des Antrages blockierte die Opposition ab Mitte Januar die Rednertribüne im Parlament wochenlang und machte die Abhaltung von Sitzungen bis Anfang März unmöglich.

Im September 2008 dann stimmte der Block „BJuT" zusammen mit der Opposition für eine Reihe von Gesetzen, die die Macht des Präsidenten einschränken. Dies und die Tatsache, dass sich Timoschenko und Juschtschenko auf keine gemeinsame Stellungnahme zum **Georgienkonflikt** einigen konnten, führte dazu, dass Juschtschenkos Wahlbündnis Mitte September aus der Regierungskoalition austrat. Premierministerin Timoschenko führte die Regierung kommissarisch weiter. Da innerhalb von 30 Tagen keine neue Mehrheitskoaltion gebildet werden konnte, löste Juschtschenko Anfang Oktober das Parlament auf und kündigte Neuwahlen an. Anfang Dezember verzichtete er angesichts der Wirtschaftskrise wieder darauf.

Finanz- und Wirtschaftskrise 2008

Während die Ukraine von der Hypothekenkrise 2007/08 zunächst verschont geblieben war, traf die internationale Finanz- und Wirtschaftskrise Anfang Oktober 2008 das Land mit voller Wucht.

Bis Oktober 2008 erwirtschaftete die weitgehend privatisierte **Eisen- und Stahlindustrie** (die Ukraine ist der elftgrößte Stahlherrsteller der Welt) etwa 30% des BIP und sorgte mit 80% Export der Produktion nach Asien, Afrika und Nahost für eine gute Handelsbilanz.

Der Einbruch der internationalen Nachfrage nach Stahl führte im Oktober 2008 zu einem Rückgang der Stahlproduktion um knapp 50% und zu Massenentlassungen in der Metallindustrie. Gleichzeitig zogen ausländische Investoren, die etwa 4 Mrd. US-Dollar im Finanz-und Bankensektor investiert hatten, ihr Kapital schlagartig zurück. Neue Kredite aus dem Ausland, wurden nicht mehr bewilligt. Der Index des ukrainischen Aktienmarktes fiel um 80%. Da neben der Stahlbranche auch das ukrainische Bauwesen stark auf Kredite angewiesen ist, wurden aus Geldmangel über die Hälfte der Baustellen geschlossen. Betroffen davon sind auch die Bauten, die für die Fußball-WM 2012 gedacht sind.

Um zu verhindern, dass die Bürger ihre Einlagen in den Banken abheben, wurden Mitte Oktober alle Sparguthaben eingefroren und die Vergabe von neuen Verbraucherkrediten verboten. Die ukrainische Währung Griwna verlor innerhalb von wenigen Tagen 20% ihres Wertes, obwohl die Nationalbank der Ukraine 3 Mrd. USD aufbrachte, um die Währung zu stützen.

Ende Oktober stand die Ukraine vor dem **Staatsbankrott**, der nur durch einen kurzfristigen Stabilisierungskredit des IWF in Höhe von 16 Mrd. USD abgewendet werden konnte.

Für 2009 erwartet man statt eines 6-prozentigen Wachstums der Wirtschaft einen Rückgang um mehrere Prozentpunkte.

Ob die Bewältigung der Wirtschaftskrise in absehbarer Zeit gelingt, ist angesichts der politischen Dauerkrise und der chaotischen Zustände im Parlament mehr als fraglich. Geschäftliche Interessen, Lobbyismus, persönliche Ziele, Rache, Korruption und Intrigantentum sind keine guten Voraussetzungen für konstruktive Problemlösungen.

Die soziale Lage

Als die Orange Koalition Anfang 2005 die Regierung übernahm, lebten etwa 13 Millionen Ukrainer am und unter dem Existenzminimum. Eine der ersten Maßnahmen war die stufenweise Erhöhung des Mindestlohns und der Renten. In den Jahren 2006–2007 sind die Reallöhne um knapp 30% gestiegen. Von 2007–2008 stiegen die staatlichen Sozialleistungen nochmals um etwa 40%. Mindestlohn und Mindestrente betrugen Ende 2008 etwa 550 Griwna, was dem damaligen Existenzminimum entsprach.

Das tragende Element des ukrainischen Sozialsystems ist der Rentenfonds, über den die Zahlungen für die Alters-, Invaliden- und Waisenrente abgewickelt werden. Außerdem erhalten Arbeitslose, Familien mit Kindern, Tschernobylopfer und zeitweise arbeitsunfähige Personen Unterstützung aus dem Fonds, der 14% des BIP ausmacht. Kriegsveteranen werden zusätzlich durch Sonderrabatte bei kommunalen Dienstleistungen sowie durch die kostenlose Nutzung öffentlicher Verkehrsmittel entlastet.

Etwa 30% der ukrainischen Gesamtbevölkerung wird aus dem Rentenfonds bedient, eine enorm hohe Zahl, die sich aus dem frühen Renteneintrittsalter ergibt. Die Ukraine hat das zu Sowjetzeiten herrschende Rentensystem beibehalten, nach dem Frauen bereits ab 55 Jahren und

Männer ab 60 Jahren Rente beziehen. Bestimmte Berufsgruppen dürfen sogar ab 45 Jahren in Rente gehen.

Dringender Behandlungsbedarf besteht vor allem im Gesundheitswesen. Obwohl in der Verfassung festgeschrieben ist, dass jeder Bürger das Anrecht auf eine kostenlose, staatliche Gesundheitsversorgung hat, kam der Staat dem bisher nur in sehr geringem Maße nach. Medikamente, Narkosemittel, Verbandsmaterial usw. müssen vor der Behandlung selbst bezahlt werden. Da die Ärzte in den staatlichen Kliniken nur ein sehr mäßiges Gehalt beziehen, ist gerade hier die Bestechung weit verbreitet. In vielen Fällen ist eine angemessene Behandlung nur gegen Bares zu bekommen. Wer kein Geld oder zahlungskräftige Angehörigen hat, stirbt früher.
Die Einführung einer staatlichen, obligatorischen Krankenversicherung wurde zwar mehrfach ins Parlament eingebracht, jedoch immer abgelehnt.

Seit 1991 ist die Bevölkerungszahl in der gesamten Ukraine rückläufig. Sie liegt derzeit bei 46 Millionen. Neben einer verstärkten Emigration ins westliche Ausland in den ersten Jahren, sterben heute jährlich deutlich mehr als Menschen als geboren werden. Mit einer durchschnittlichen Lebenserwartung von nur 61,7 Jahren bei Männern und 73,4 Jahren bei Frauen nimmt die Ukraine europaweit den vorletzten Platz (vor Russland) ein.

Um die Geburtenrate anzukurbeln zahlt der Staat seit 2005 bei Geburt eines Kindes eine Beihilfe von umgerechnet etwa 1 400 €. Im Januar 2008 wurde damit begonnen, allen Sparern, die ihre Einlagen in die Sparkasse durch die Hyperinflation Anfang der 1990er Jahre verloren hatten, pro Person zunächst einen Abschlag von 1 000 Griwna auszuzahlen.

Um all die Ausgaben zur Bekämpfung der Armut finanzieren zu können, hat der Staat die Geldmenge 2007 um ca 50 % erhöht. Dies führte zu einer Steigerung der Inflationsrate auf 12,8 %. Die weltweite Erhöhung der Lebensmittelpreise sowie der Energiekosten spielen ebenfalls eine Rolle. Seit 2006 passt Russland den Vorzugspreis für Erdgas an die Ukraine schrittweise dem für Westeuropa üblichen Niveau an, was bis 2008 zu einer Preissteigerung von über 300 % führte. Da Russland der Ukraine in der Vergangenheit mehrfach den Gashahn zugedreht hat – das letzte Mal im Januar 2009 wegen ausstehender Zahlungen – bleibt der Ukraine nach dem Motto „Billiges Gas ist eine Waffe, teures Gas ist eine Ware" keine Wahl.

Viele Rentner können sich nur über Wasser halten, indem sie ihre Rente durch Nebentätigkeiten aufbessern.

oben: Flottenparade in Sewastopol
unten: Platzkonzert des Orchesters der Schwarzmeerflotte

Die Außenpolitik

Das Verhältnis zu Russland

Die Verkündung der Unabhängigkeit am 24. August 1991 war für Russland ein schwerer Schock. Ausgerechnet die Ukraine, der wichtigste Partner Russlands in der Union, wurde zum Vorreiter in der Serie nun folgender Unabhängigkeitserklärungen weiterer Sowjetrepubliken.

In den Chor der Proteste gegen die Abspaltung der Ukraine mischten sich auch Stimmen, die mit einer möglichen Revision der Grenzen zugunsten Russlands drohten. Bezweifelt wurde vor allem die Rechtmäßigkeit des Aktes, mit dem 1954 die Krim aus der russischen Föderation herausgelöst wurde und an die Ukraine ging.

Kampf um die Schwarzmeerflotte

So entbrannte zwischen Moskau und Kiew sofort ein Streit um die Zugehörigkeit der Krim und der Schwarzmeerflotte. Auf die in Sewastopol stationierte, ehemals gesamtsowjetische Schwarzmeerflotte zu verzichten, kam für Russland prinzipiell nicht in Frage. Der uneingeschränkte Zugriff auf die Flotte ist für Russland von wirtschaftlicher und strategischer Bedeutung, da über das Schwarze Meer und den Bosporus die Verbindung zum Mittelmeerraum und dem Nahen Osten besteht.

Nach langwierigen Kompromissversuchen kam es im Mai 1997 zu einer vorläufigen Vertragslösung: Die Flotte und deren Infrastruktur wurden gleichmäßig aufgeteilt. Die Ukraine verpachtet einen Teil der Buchten, in denen Kriegsschiffe und U-Boote stationiert sind, gegen eine Gebühr von jährlich 97 Millionen US-Dollar über einen Zeitraum von 20 Jahren an Russland.

Während pro-russische Politiker – wie die Partei der Regionen – eine Verlängerung des Pachtvertrages für wünschenswert halten, will Präsident Juschtschenko möglichst bald mit Verhandlungen über den Abzug der russischen Schwarzmeerflotte beginnen. Dieser müsse von langer Hand geplant sein und zivilisiert vor sich gehen, damit die Ukraine nicht am Ende auf verseuchten Grundstücken sitzen bleibe.
Politische Brisanz liegt vor allem darin, dass laut ukrainischer Verfassung die Stationierung ausländischer Truppen auf ukrainischem Boden ausdrücklich verboten ist. Bei dem Vertrag von 1997 handelt es sich also um eine Ausnahmeregelung.

Der letzte **Kaukasuskrieg** hat nicht gerade zur Entspannung des Verhältnisses zwischen der Ukraine und Russland beigetragen. Als im August

2008 georgische Truppen **Südossetien** besetzten (das Gebiet hatte sich 1990 für unabhängig von der Georgischen Sowjetrepublik erklärt), reagierte Russland mit einem militärische Gegenschlag und drängte die Truppen zurück. Während Juschtschenko sofort nach Tbilissi eilte, um seinem georgischen Amtskollegen Saakaschwili den Rücken zu stärken, schickte Russland von Sewastopol aus Kriegsschiffe an die georgische Schwarzmeerküste.

Daraufhin unterzeichnete Juschtschenko einen Präsidialerlass, der die Navigationsrechte russischer Schiffe auf ukrainischen Gewässern einschränkt. Außerdem drohte er damit, den an den Kriegshandlungen beteiligten Schiffen die Rückkehr nach Sewastopol zu verweigern, womit er eine Verschlechterung des Verhältnisses zu Russland in Kauf nahm.

Der russisch-georgische Konflikt hat auch innenpolitisch die Fronten verschärft. Nicht einmal die beiden Koalitionspartner konnten sich auf eine gemeinsame Position einigen. Während Juschtschenko Russland als „Aggressor" brandmarkte, schloss sich Julia Timoschenko dieser Einschätzung nicht an. Sie wurde deshalb vom Sekretariat des Präsidenten des „Hochverrats" beschuldigt. Oppositionsführer Janukowitsch rief dazu auf, dem Beispiel Russlands zu folgen und die Republiken **Südossetien** und **Abchasien** anzuerkennen. Auch das Krimer Parlament in Simferopol schickte eine entsprechende Aufforderung nach Kiew.

Russland macht auch keinen Hehl daraus, dass es in der angestrebten NATO-Mitgliedschaft der Ukraine eine ernsthafte territoriale Bedrohung sieht. Die NATO, die nach der Georgienkrise die Zusammenarbeit mit Russland vorübergehend auf Eis gelegt hatte, verweigerte der Ukraine und Georgien auf ihrem Gipfeltreffen im Dezember 2008 den für die Aufnahme notwendigen Kandidatenstatus MAP. Hauptgründe dafür sind die innenpolitische Instabilität und die mangelnde Unterstützung in der ukrainischen Bevölkerung. Während der scheidende US-Präsident Bush die Kandidatur der Ukraine massiv unterstützte, sprachen sich insbesondere Deutschland und Frankreich mit Rücksicht auf Russlands Interessen dagegen aus.

Ob der Vertrag über die Stationierung der russischen Schwarzmeerflotte über 2017 hinaus verlängert wird, entscheidet letztendlich die politische Mehrheit, die 2016 die Regierung stellt. Der Vertrag verlängert sich automatisch um 5 Jahre, wenn er nicht ein Jahr vor Ablauf von einer Seite aufgekündigt wird. Russland plant derweil schon die Gründung einer neuen Marinebasis in der abchasischen Hauptstadt **Otschamtschira**.

Kiew

Einwohnerzahl: 2 700 000

Der Legende nach wurde Kiew im Jahre 482 von den drei Brüdern **Kij**, **Schtschek** und **Choriw** sowie ihrer Schwester **Lybid** als befestigte Siedlung am rechten Dnjepr-Ufer gegründet. Ihren Namen Kiew soll sie nach Kij, dem ältesten der drei Brüder erhalten haben.

Das heutige Kiew – seit 1934 **Hauptstadt** der Ukraine – erstreckt sich über 825 km² Fläche etwa 60 km lang zu beiden Seiten des Dnjepr, der hier eine Breite zwischen 160 und 400 m hat. Die drei wichtigsten Stadtteile Kiews sind die **Unterstadt Podil**, die Oberstadt mit ihrem historischen Kern auf dem Steilufer und **Petschersk** mit dem berühmten Höhlenkloster. Alle liegen am westlichen Dnjeprufer.

Die Begründer Kiews

Der Podil

Ihr Schiff hat am Flusshafen in der Unterstadt Podil zu Füßen des **Wladimirhügels** festgemacht. Seit der Gründung Kiews legen hier die Schiffe an. Podil (ukrainisch: Saum) ist eines der ältesten Stadtviertel. Hier lebte einst das einfache Volk: Fischer, kleine Kaufleute und vor allem Handwerker. Zusammen mit der Oberstadt auf dem Wladimirhügel bildete es die Basis des alten Kiew. Nachdem 1240 die Mongolen die Oberstadt zerstört hatten, lief hier das Leben weiter. Besondere Bedeutung erlangte Podil zwischen dem 14. und 17. Jh., als Kiew unter litauischer bzw. polnischer Herrschaft stand. Nach Galizien und Podolien im 14. Jh. wurde Ende des 15. Jh. auch in Kiew das **Magdeburger Recht** (bis 1830) eingeführt. Nach deutschem Vorbild entstand in Podil die städtische Selbstverwaltung Kiews mit Rat, Bürgermeister, Schöffengericht und Zünften. In

Magdeburger Säule

Erinnerung an dieses Ereignis wurde 1802 am Fuße des Wladimirhügels eine 18 m hohe Säule aufgestellt. Eine Fußgängerunterführung an der Uferstraße verbindet das Dnjepr-Ufer seit 1988 mit dem Park.

Ab Ende des 18. Jh. bis 1927 fand in Podil jedes Jahr ein großer Jahrmarkt statt. Nach einem verheerenden Brand 1811 wurde der Stadtteil wieder völlig neu aufgebaut. Von den Zerstörungen des Zweiten Weltkrieges relativ verschont, ist die Struktur des Stadtviertels erhalten geblieben. Man spürt in den schmalen Straßen noch den Charme des 19. Jh.

Ab der zweiten Hälfte des 19. Jh. entwickelte sich hier und in anderen Vorstädten Kiews die Industrie. Es entstanden Maschinenbau- und metallverarbeitende Betriebe, Tabakfabriken, Brauereien, Gerbereien etc. Kiew beherbergte die **Getreidebörse** und das erste Syndikat der aufblühenden **Zuckerindustrie** des Zarenreiches. Nach dem Bau der **Bahnverbindung Kiew–Odessa** in den 1870er Jahren und der Gründung der **Dnjepr-Schiffs-Reederei** wurden die landwirtschaftlichen Erzeugnisse aus der fruchtbaren Umgebung hier verarbeitet und umgeschlagen.

Nach dem Zweiten Weltkrieg baute man die ehemaligen Vororte aus und befestigte vor allem das linke, oft von **Überschwemmungen** heimgesuchte Dnjepr-Ufer. Heute führen insgesamt sieben Brücken in die drei Neubauviertel auf der Ostseite, darunter auch die 400 m lange **Fußgängerbrücke** über den Dnjepr, die 1957 errichtet wurde. Sie können sie vom Schiff aus flussabwärts sehen. Die Brücke verbindet Podil mit dem **Hydro-Park**, der sich als beliebtes Naherholungsgebiet auf der viele Kilometer langen Truchaniw-Insel im Dnjepr ausbreitet.

Mit dem Bau der heutigen Hafenanlage wurde 1930 begonnen. Das Denkmal am Kai nahe dem Hafengebäude erinnert an die 1696 gegründete Dnjepr-Flotte und wurde 1976 aufgestellt.

Stadtbummel durch Podil

Wenn Sie Lust auf einen stressfreien Stadtbummel haben, ohne die Metro oder andere Verkehrsmittel benutzen zu müssen, sollten Sie sich auf den Weg machen.

In Sichtweite Ihres Schiffes, direkt neben dem Hafengebäude, führt eine Fußgängerbrücke über die verkehrsreiche Uferstraße. Wenn Sie diese passiert haben, stehen Sie auf dem „Postplatz", dem **Poschtawa Ploschtscha**. Bis 1919 war hier eine kleine Poststation mit Pferdekutschen in Betrieb, deren klassizistisches Gebäude erhalten geblieben ist. Dahinter liegt der Eingang zu der gleichnamigen Metrostation. Das riesige Backsteingebäude rechterhand ist ein ehemaliger Getreidespeicher aus der zweiten Hälfte des 19. Jh. Heute wird er als Lagerhalle genutzt.

KIEW

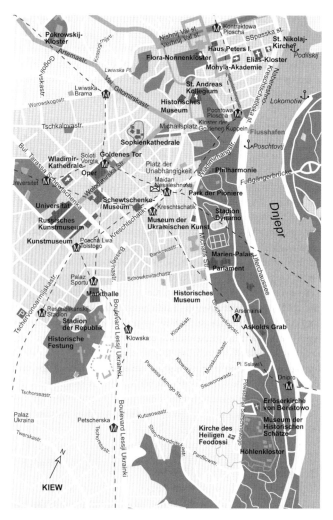

Kiew hat eine Fläche von 839 km² und
10 Verwaltungsbezirke.

Partnerstädte im deutschsprachigen Raum sind
Leipzig (seit 1962), München (seit 1989) und
Wien (seit 1992).

Sie gehen weiter über den Platz, wo 2005 die historische Christus-Kirche neu errichtet wurde, und dann rechts über die Fußgängerampel. Hier beginnt die Straße Wuliza Petra Sagaidaschtnowo, die nach dem Hetman der Registerkosaken benannt ist. Sagaidatschnij war wesentlich dafür verantwortlich, dass sich die Dnjepr-Kosaken 1620 kollektiv der 5 Jahre zuvor gegründeten orthodoxen Kiewer Bruderschaft anschlossen.

Hier haben Sie Gelegenheit zum **Geldwechsel** in ukrainische **Griwna**. Erkennbar sind die Wechselstuben an den Tafeln, auf denen in großen Lettern der Wechselkurs ausgewiesen ist. Im Januar 2009 lag der Wechselkurs bei etwa 11 Griwna für 1 Euro. Zum Tausch benötigen Sie weder Pass noch Sprachkenntnisse. Legen Sie einfach den Geldschein hin, und Sie erhalten kommentarlos ukrainische Griwna, die Sie unbedingt zum Einkauf benötigen. Denn andere Währungen werden in den Geschäften nicht akzeptiert. Privathändler auf den Märkten und Souvenirhändler nehmen auch Euro oder Dollar an, obwohl dies offiziell verboten ist. Auf der belebten Straße können Sie alles kaufen, was Sie eventuell zu Hause vergessen haben. Hier finden Sie Apotheken, Schreibwaren- und Kosmetikgeschäfte, Modeboutiquen, Cafés, Kioske, Lebensmittel- und Getränkeläden, Vertretungen von Telefongesellschaften u. a.
Sie benötigen nicht länger als 15 Minuten, um die Straße zu durchschlendern. Kurz bevor diese auf den **Kontraktowa Ploschtscha** mündet, befindet sich rechterhand ein Kaufhaus. Auf der linken Straßenseite gibt es eine überdachte Passage mit Boutiquen und einem SB-Lebensmittelgeschäft. Der Kontraktowa Ploschtscha war einst der Haupthandelsplatz der Kiewer Vorstadt. In der Übersetzung bedeutet der Name „Platz der Verträge", da sich hier ein Gebäude befindet, in dem offizielle Verträge zwischen den Händlern abgeschlossen wurden.

Route A

Sie stehen vor einer kleinen Grünanlage, in deren Mitte sich das **Reiterstandbild** von Hetman Sagaidaschtnij erhebt. Dahinter fällt ein langgestrecktes, zweistöckiges Gebäude mit Arkaden auf. Es handelt sich um den 1809 fertiggestellten **Kaufhof**, wo einst der Handel florierte. Das 1980 restaurierte Gebäude beherbergt heute Büros und kleine Geschäfte.

Die Andreas-Hangstraße
Wenn Sie sich, ohne den Platz zu betreten, gleich links halten, kommen Sie zu dem „Andrijiwskij Uswis". Dieser seit der Gründung Kiews bestehende schmale Verbindungsweg zwischen Oberstadt und Unterstadt zieht sich in einer Kurve durch die Parkanlage des Wladimirhügels.

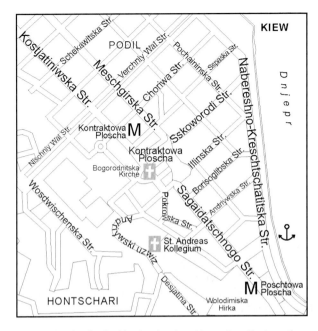

Die ehemalige Straße der Handwerker hat sich zu einer Flaniermeile entwickelt, die Enthusiasten mit dem **Montmartre** in Paris vergleichen. Hier wohnen traditionell überwiegend Künstler, Schriftsteller, Goldschmiede und Kunsthandwerker. In dem bunten Treiben bieten fliegende Händler Schmuck und allerlei Souvenirs an. Kleine Galerien, Theater, Museen Restaurants, Cafés und Töpferläden verleihen der Straße ihr besonderes Flair. Festivals, darunter das traditionelle Volksfest „Tag Kiews" am letzten Maiwochenende, locken Tausende von Menschen an.

In Haus Nr. 2b, ziemlich am Anfang der Straße rechts, befindet sich ein kleines **Museum** über die **Geschichte** des Andrijiwskij Uswis. In Haus Nr. 13, heute ebenfalls Museum, lebte der 1891 in Kiew geborene Satireschriftsteller **Michail Bulgakow**, dessen Werke zu Breshnjew-Zeiten auf dem Index standen und nicht verlegt wurden.

Etwas weiter aufwärts erhebt sich auf der linken Seite ein auffallend hohes und mit Türmen versehenes Gebäude. Es handelt sich um das sogenannte **Schloss Richard Löwenherz**, dem der Kiewer Schriftsteller Njekrassow diesen Namen verliehen hat. Es wurde 1902–04 im Stil der englischen Neogotik errichtet. Auftraggeber war ein Industrieller, der unter ungeklärten Umständen ums Leben kam. Seine Witwe ließ den Bau vollenden, suchte sich aber aufgrund der unheimlichen Atmosphäre schnell ein neues Domizil. Anschließend eröffneten Kiewer Künstler ihre Ateliers in dem Gebäude.

Direkt davor befindet sich eine steile, eiserne Treppe, die auf ein Aussichtsplateau führt, von dem Sie einen herrlichen Blick über den Podil haben.

Apostel Andreas

Die Straße führt Sie weiter zur **Andreas-Kirche**. Nach der Legende steht die 46 m hohe Kreuzkuppelkirche mit einer großen und vier kleineren Kuppeln an der Stelle, wo im 1. Jh. der **Apostel Andreas** auf dem Weg nach Rom ein Kreuz errichtet hat. Auf diesem Hügel stehend, soll er die Gründung Kiews vorausgesehen und den Segen Gottes prophezeit haben. Die Kirche wurde von 1747–62 auf Befehl von Zarin **Elisabeth I.** errichtet. Ihr endgültiges Aussehen erhielt sie nach den Plänen des berühmten Architekten und russischen Grafen italienischer Abstammung **Bartolomeo Rastrelli**. Die sowohl elegant als auch verspielt wirkende Barockkirche mit schlanken, goldenen Zwiebeltürmen wurde wegen des unsoliden Untergrundes auf einem zweistöckigen Sockel erbaut. Die **Innenausstattung** mit Stuckdekor, roter Ikonostase und prächtiger Wandmalerei wurde bei der Restaurierung 1978–1979 nach Originalzeichnungen von Rastrelli vollendet, die zufällig wieder aufgetaucht waren.

Als 1946 erneut orthodoxe Priesterschulen ihre Tore öffnen durften, wurde in der Andreas-Kirche bis 1961 eines der wenigen geistlichen Seminare der Sowjetunion untergebracht. In vierjährigen Kursen erhielten junge Männer ihre Ausbildung zu Dorfpopen.

Wenn Sie dem Andrijiwskij Usvis weiter nach oben folgen und dann rechts ein paar Treppenstufen hinaufgehen, erreichen Sie die **Oberstadt**. Auf einem weitläufigen Platz sind die Grundmauern der ältesten Steinkirche Kiews zu sehen. Es handelt sich um das nachgebildete Fundament der **Desjatinnaja-Kirche**. Erbaut wurde sie 989, ein Jahr nach Einführung des Christentums.

Der Name bedeutet „ein Zehntel" und bezieht sich auf das Zehntel, das **ihr Begründer Wladimir I.** dafür aus seinem Budget zur Finanzierung aufgewendet hat. Hier fällt eine alte Linde auf, die 1635 zu Ehren des damaligen Metropoliten gepflanzt wurde.

Andreas-Kirche

Die Desjatinnaja-Kirche (historische Aufnahme)

Route B

Wenn Sie die kleine Grünanlage des Kontraktowa Ploschtscha betreten und sich nach links halten, fällt Ihr Blick auf die 1998 wieder aufgebaute **Kirche der Mutter Gottes Pyrogotscha**. Ursprünglich war die Kirche zwischen 1131 und 1135 errichtet worden und erlebte im Laufe der Jahrhunderte etliche Umbauten in verschiedenen Stilrichtungen. Ihre Bezeichnung leitet sich von dem griechischen Wort „pirgotis" ab, mit dem Ikonen bezeichnet wurden, die an Türmen oberhalb der Klostermauern angebracht waren. Bis zu ihrer Zerstörung 1935 war sie die Hauptkirche von Podil. Umbenannt in Mariä-Himmelfahrts-Kathedrale spielte sie in der ersten Hälfte des 17. Jh. im Kampf gegen die **Unierte Kirche** (s. S. 63) eine wichtige Rolle.

Kirche der Mutter Gottes Pyrogotscha

Nach ausgiebigen Forschungsarbeiten des archälogischen Institutes wurde 1995 beschlossen, die Kirche im strengen byzantinischen Stil des 12. Jh. mit einer Kuppel und drei Apsen wieder aufzubauen. Die Finanzierung übernahmen zahlreiche private Sponsoren. Der stilisierte Glockenturm vor der Kirche erinnert an den Architekten Barskij, der 1770 einen Glockenturm errichtet hatte und in der Kirche begraben liegt.

INFO: Die Unierte Kirche
*Um dem Druck der Katholisierung unter polnischer Herrschaft zu entgehen und von der polnischen Geistlichkeit anerkannt zu werden, unterstellte sich 1596 ein großer Teil der orthodoxen Priester in der **Kirchenunion** von **Brest-Litowsk** dem Römisch-Katholischen Papst. Die so entstandene **Unierte Kirche** akzeptierte zentrale Elemente des römischen Dogmas, behielt jedoch die slawische Liturgie, die Priesterehe und ihre eigene Kirchenorganisation. Die Orthodoxie und die russischen Zaren als deren Beschützer sahen die Union als Verrat an. Als die polnische Westukraine unter russische Herrschaft kam, wurde die Unierte Kirche dort verboten. Stalin löste sie dann auf. Wer sich nicht beugte, wurde ermordet oder kam in Lagerhaft. Seit 1989 ist die Unierte Kirche wieder zugelassen. Heute stellt sie nach der Ukrainisch-Orthodoxen Kirche (Moskauer Patriarchat) die zweitgrößte Glaubensgemeinschaft in der Ukraine.*

Hinter dem Kaufhof rechts stoßen Sie auf den **Samsonbrunnen**, der von einem **Pavillon** mit korinthischen Sälen überdacht ist. Darauf erhebt sich eine Skulptur des Apostels Andreas. Bei seiner Errichtung 1749 war der Brunnen in das Wasserversorgungssystem der Stadt integriert. Statt der hölzernen Samsonskulptur stand am Brunnen ursprünglich eine Engelsfigur. Diese wurde aber 1809 anlässlich des hundertjährigen Jahrestages der **Schlacht von Poltawa** durch Samson ersetzt. So wie im Alten Testament Samson den Löwen bezwang, hatte Peter I. in dieser Schlacht die Schweden besiegt. Das Original der Skulptur befindet sich im Historischen Museum von Kiew. Der 1930 zerstörte Brunnen wurde 1982 wieder aufgebaut.

Der Samson-Brunnen (historische Aufnahme)

Wenn Sie vom Samsonbrunnen aus der Straße **Konstantinowska** geradeaus folgen, sehen Sie an deren nächster Kreuzung rechts ein zweistöckiges, weißes Gebäude. Es handelt sich um das ehemalige **Wohnhaus von Peter I.**, der sich hier in den Jahren 1706–1707 während des **Nordischen Krieges** aufhielt, kurz bevor die schwedischen Truppen nach Kiew vordrangen.

Wenn Sie an derselben Kreuzung die Straße links hineingehen, sehen Sie die **Pritisko-Nikolaj-Kirche**, die von 1695–1707 erbaut wurde.

Das Floriwskij-Frauenkloster

Nikolaj war der Schutzheilige der Kaufleute, und ihm wurde die hübsche Kirche im Stil des frühen ukrainischen Barock gewidmet. Halten Sie sich weiter links und gehen Sie die schmale Pritisko-Mikolska-Straße zurück in südliche Richtung. Auf der rechten Straßenseite befindet sich in Haus Nr. 7 rechts um die Ecke die **älteste Apotheke** Kiews. In dem Gebäude aus dem Jahr 1728 ist heute ein Apothekenmuseum untergebracht.

Sie stehen jetzt bereits auf dem Vorplatz des **Floriwskij-Frauenklosters**, das im 16. Jh. angelegt wurde. Die Mutter des Hetmans Iwan Masepa war hier einst Vorsteherin. Durch die Toreinfahrt des Glockenturmes gelangt man auf den Hof des Klosters mit hübschen Rosengärten. Das Hauptgebäude des Komplexes ist die von 1722–1732 errichtete, dreikupplige **Christi-Himmelfahrts-Kirche**.
Hinter der Kirche befindet sich das **Refektorium** (1695) mit kleiner Kapelle. Auf der Außenwand fällt ein großes Wandgemälde aus dem frühen 20. Jh. auf, das den Heiligen Serafim im Wald darstellt.
Nach dem großen Brand von 1811 wurde das Kloster wieder aufgebaut und durch das Haus der Äbtissin links vom Eingang, ein Hospital und die Schlafräume der Nonnen in einer kleinen Straße rechts ergänzt. Im linken Teil des Klosterkomplexes steht die kleine, von 1824 stammende **Auferstehungskirche**. Das Frauenkloster war auch zu sowjetischen Zeiten in Betrieb.

Route C

Wieder zurück auf dem Kontraktowa Platz, können Sie in der rechten Ecke des Platzes das hellblaue Gebäude und den Glockenturm des ehemaligen griechischen **St. Katharinen-Klosters** von 1910 sehen. Heute werden die Räume von der Nationalbank der Ukraine genutzt.

Die Mohyla-Akademie

Etwas weiter liegt das halbrunde, klassizistische Gebäude der **Mohyla Akademie**, der ersten Höheren Geistlichen Akademie Kiews. Sie wurde 1615 als Teil des heute nicht mehr existierenden **Bruderschaftsklosters** gegründet. Die Akademie trägt den Namen ihres Begründers **Petro Mohyla**,

oben: **Blick auf den Flusshafen von Kiew**
Foto: A. Motti
unten: **Im Flusshafen von Kiew**

oben links: **Magdeburger Säule und völkerverbindender Bogen**
oben rechts: **Die Andreas-Hang-Straße**
unten links: **Christus-Kirche am Postplatz** Foto: Bildpixel/pixelio.de
unten rechts: **Das Ladski-Tor**

oben:	**Platz der Unabhängigkeit**
unten:	**Sophien-Kathedrale**

Foto: Bildpixel/pixelio.de

Michails-Goldkuppel-Kloster

der 1633 zum Metropoliten von Kiew ernannt wurde. Die Kiewer Bruderschaft hatte sich die Verteidigung der Orthodoxie gegenüber der Unierten Kirche zur Aufgabe gemacht. Ihr Anhänger **Hetman Sagaidatschnij** ist auf dem Klostergelände beerdigt.

Unter **Peter I.** erreichte das Kollegium 1701 den Status einer Akademie und war eine der anerkanntesten Lehranstalten der orthodoxen Kirche. Unter ihren Absolventen waren hervorragende Geistliche, Pädagogen und Schriftsteller aus verschiedenen europäischen Ländern. Auch der Kosakenführer **Iwan Masepa** gehörte dazu, der Geld für den Ausbau der Akademie bereitstellte.

Die Mohyla-Akademie

Die Ausbildung an der Akademie, an der 2000 Studenten gleichzeitig in alten Sprachen, religiösen und weltlichen Fächern unterrichtet wurden, dauerte 12 Jahre. Die Akademie bildete auch Lehrkräfte für die Akademie in Moskau aus. 1734 arbeitete **Michail Lomonossow**, der Mitbegründer der Moskauer Universität, in Kiew. Von dem Gebäude des Bruderschaftsklosters sind noch die Heiliggeistkirche mit Refektorium und die Wohngebäude erhalten geblieben.

Die Wiedereröffnung als neue **Kiewer Universität** erfolgte 1992. Zwei Jahre später erhielt sie die offizielle Benennung „Nationale Universität der Kiewer Mohyla Akademie". In drei geisteswissenschaftlichen Fakultäten und Abteilungen werden 16 Fächer incl. Ökologie unterrichtet. Die Universität erhält Fördermittel der UNESCO.

Wenn Sie weiter geradeaus über den Platz gehen, sehen Sie rechterhand das Gebäude des **Musiktheaters**, das in den 1930er Jahren im Stil des Konstruktivismus errichtet wurde. Gegenüber liegt das ehemalige **Haus der Kontrakte** (1817), dem der Platz seinen Namen verdankt. Das gelbe Gebäude mit Säulenkollonade diente neben der Registrierung von Kaufverträgen auch

Haus der Kontrakte

als Konzerthalle, in der Liszt, Puschkin, Gogol u. a. zu Gast waren. Auch hier ist heute eine Bank untergebracht.

Das Hetman-Museum

Biegen Sie in die nächste Seitenstraße rechts, in die **Spasskastraße** ein. Auf einer Seitenstraße gleich links befindet sich die alte **Feuerwache** mit Beobachtungsturm (1910). Heute ist darin das **Tschernobyl-Museum**. Die Ausstellung dokumentiert anhand von Fotos und anderen Exponaten die Reaktorkatastrophe 1986 und deren Folgen.

In der Spasskastraße Nr. 16 sehen Sie ein etwas zurückgesetztes zweistöckiges Gebäude. Es handelt sich um das Hetman-Museum, das vor kurzem im ukrainischen Nationalstil restauriert wurde. Es stammt vom Anfang des 18. Jh. und ist eines der ältesten, erhalten gebliebenen Wohnhäuser Kiews, das den Brand von 1811 überstanden hat. Es ist dem Hetman Iwan Masepa gewidmet.

Wenn Sie von der Spasskastraße an der nächsten Kreuzung rechts einbiegen, sehen Sie auf der linken Straßenseite die **Nikolaj-Kirche**, die eigentlich aus zwei Kirchen besteht. Die beigefarbene, vordere Kirche dient als Glockenturm und stammt von 1863. Die weiße Barockkirche dahinter wurde 1775 fertiggestellt. Daneben erinnert ein 1993 errichtetes steinernes Kreuz an „diejenigen, die ihr Leben der Ukraine geopfert haben".

Etwas weiter geradeaus stoßen Sie auf die **Elias-Kirche** mit Glockenturm, barockem Eingangsportal und kleinem Rosengarten. Sie wurde 1692 errichtet. An dieser Stelle stand einst die erste christliche Kirche der Kiewer Rus. Laut Chronik wurde sie 944 von den Warägern gebaut und dem Heiligen Propheten Elias geweiht. Von hier aus soll das Volk im Dnjepr getauft worden sein. Jetzt ist es nicht mehr weit bis zum Flusshafen, wo Ihr Schiff liegt. Eine Unterführung bringt Sie sicher auf die andere Straßenseite.

Die Oberstadt

Die Oberstadt ist auf dem Wladimirhügel gelegen, der sich 80 m über dem Dnjepr-Ufer erhebt. Die **Wuliza Wolodimirska** (Wladimirstraße) ist die historisch gewachsene Hauptstraße des Viertels, benannt nach Großfürst Wladimir I. Unter seinem Nachfolger **Jaroslaw dem Weisen** (1010–1054) wurde die Stadt wesentlich erweitert und mit bis zu 12 m hohen Wällen befestigt. Anfang des 11. Jh. umfasste die Obere Stadt etwa 80 Hektar.

Das Goldene Tor

Erreichbar war die Stadt über drei Einfallstraßen, die durch steinerne Tore bewacht waren. Die Mauern der alten Festung sind in ihrer Gesamtheit nicht erhalten geblieben, jedoch das Goldene Tor (1037), die einstige **Paradeeinfahrt** nach Kiew. Es hat Ähnlichkeiten mit dem Stadttor von Jerusalem und dem Goldenen Tor von Konstantinopel. Die Torflügel des Durchfahrtbogens und die Kuppel der Torkirche waren damals mit vergoldeten Kupferplatten beschlagen, was dem Tor auch seinen Namen gab. Von beiden Seiten mit starken Wällen befestigt, war es ein wichtiges Element im Verteidigungssystem der Stadt. Doch dem Mongolenansturm 1240 konnte das Tor nicht standhalten. Es wurde stark beschädigt, diente aber weiter als Einfahrt. 1750 wurde es mit Erde zur Verstärkung der Wälle zugeschüttet und 1832 wieder freigelegt. Das, was wir heute sehen, ist eine Rekonstruktion des Originaltores, die 1982 anlässlich der 1500-Jahr-Feier Kiews vollendet wurde. In dem Gebäude befindet sich ein kleines Museum über alte russische Architektur.

Das Goldene Tor

Die Sophien-Kathedrale

Die Sopien-Kathedrale wurde 1017–1037 unter Jaroslaw dem Weisen errichtet. An dieser Stelle hatten einst die nomadisierenden Petschenegen bei dem Versuch, Kiew einzunehmen, eine verheerende Niederlage erlitten. Die Kathedrale erhielt ihren Namen nach dem bedeutendsten Bauwerk von Byzanz, der **Hagia Sophia** (Heilige Weisheit) in Konstantinopel.
Alle damaligen Hauptstraßen führten zu der Kathedrale, die das Zentrum der Stadt bildete. Die Kathedrale war Hauptkirche, Residenz der Metropoliten und Mittelpunkt des politischen und religiösen Lebens der Kiewer Rus. Hier wurden die Großfürsten gesalbt und ausländische Botschafter empfangen. Hier schufen Mönche die ältesten russischen Chroniken, wurden Bücher übersetzt und abgeschrieben, es entstanden eine erste Bibliothek für geistliche und weltliche Literatur sowie eine Schule.
Die Kathedrale diente auch als letzte Ruhestätte der russischen Fürsten und Metropoliten, von denen als erster **Jaroslaw der Weise** 1054 in einer Apsis beigesetzt wurde. Der sechs Tonnen schwere **Marmorsarkophag** ist reich mit frühchristlichen Symbolen des Nahen Ostens wie Weintrauben, Zypressen und Fischen verziert. Im Zusammenhang mit der Kampagne gegen Kirchen und Klöster wurde 1934 der Sarkophag geöffnet und anhand des Schädels eine Büste von Jaroslaw nachgebildet.

AUF DEM DNJEPR DURCH DIE UKRAINE

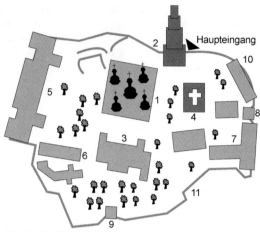

1. SophienKathedrale
2. Glockenturm
3. Die Residenz des Metropoliten
4. Refektorium
5. Geistliches Seminar
6. Bruderschaftsgebäude
7. Konsistorium
8. Südlicher Eingangsturm
9. Das Saborowskij-Tor
10. Klosterzellen
11. Klostermauern

Nachdem Kiew aus polnischem Besitz an Russland gegangen war, begann man 1685 mit umfassenden Wiederaufbau- bzw. Renovierungsmaßnahmen. Dabei stand der damals populäre farbenprächtige, ukrainische Barockstil mit prunkvollen Stuckverzierungen Pate. Den zwölf Kuppeln, die Christus im Kreise seiner Jünger symbolisieren, wurden noch sechs weitere hinzugefügt. Auch die weiße Putzverkleidung der Außenwände sowie alle weiteren Gebäude des heutigen Klosterkomplexes stammen aus dieser Zeit.

Der Innenraum

Die umfangreichen Restaurierungs- und Umbauarbeiten betrafen im Wesentlichen das äußere Erscheinungsbild der Kathedrale. Der Grundriss sowie die Innenausstattung stammen aus dem 11. Jh. Die Empore war den Angehörigen des Fürstenhofes vorbehalten. Als 1934 die Sophien-Kathedrale als religiöses Zentrum geschlossen und unter Denkmalschutz gestellt wurde, begannen Restaurierungsarbeiten, in deren Verlauf die Innenwände der Kathedrale von späteren Übermalungen freigelegt wurden. Es kamen 260 m² Mosaik und 3 000 m² Fresken zum Vorschein. Im Zentrum der Kathedrale, gegenüber dem Hauptaltar, befindet sich ein Fresko der Familie von **Jaroslaw dem Weisen**, der Christus erscheint. Seit 1990 steht die Sophien-Kathedrale als Weltkulturerbe auf der UNESCO-Liste.

Auf dem Platz davor wurde 1888 dem Kosakenführer **Bogdan Chmelnizkij** ein Denkmal gesetzt. Auf einem hohen Sockel aus Felsgestein erhebt sich das bronzene Reiterstandbild des Hetmans, dessen Keule nach hinten weist, während sich sein Blick auf dem herumgerissenen Pferd nach Osten richtet. 1654 leisteten die Kosakenältesten in der Sophien-Kathedrale einer russischen Gesandtschaft den Treueeid.

Der Michailsplatz

Vom Sophienplatz zum Michailsplatz ist es nur ein Katzensprung. Der Platz trägt seinen Namen nach dem hier gelegenen **Michails-Goldkuppel-Kloster**. Das Kloster existierte bereits Mitte des 11. Jh. und war dem Heiligen Dimitri von Saloniki geweiht. Anfang des 12. Jh. kam eine neue Kirche mit Golddach hinzu, die dem Erzengel Michael, dem Beschützer Kiews geweiht wurde.

Das Kloster überstand alle Überfälle und Kriege bis 1936. Dann wurde es abgerissen, um dem Monumentalgebäude des Zentralkomitees der Kommunistischen Partei Platz zu machen. Heute ist hier das **Außenministerium** untergebracht. Ganz in der Nähe endet auch die von Drahtseilen gezogene Schienenbahn **Funikulor**, die seit 1905 die Oberstadt mit dem Podil verbindet.

Direkt neben dem Ministerium wurde von 1997–2000 der Michails-Klosterkomplex an seiner ursprünglichen Stelle

Der Funikulor

wieder aufgebaut. Denn – Ironie der Geschichte – blieb ausgerechnet diese Stelle unbebaut. Heute glänzen die sieben Kuppeln der Kathedrale wieder komplett vergoldet in der Sonne. Der Eingang zu der in hellblau und weiß gehaltenen Klosteranlage führt durch den Glockenturm, dessen computergesteuerte Glocken alle 15 Minuten eine ukrainische Volksmelodie spielen. Die Außenwände der Anlage sind mit biblischen Szenen bemalt.

Ein 1993 enthülltes Denkmal nahe der Klostermauer erinnert an die **Opfer der Hungerkatastrophe** von 1932/33, als in der Ukraine 3 bis 4 Millionen Menschen infolge der Zwangskollektivierung der Landwirtschaft verhungerten. Auf dem Michailsplatz fällt außerdem eine 1911 errichtete

Figurengruppe mit Großfürstin Olga, Apostel Andreas sowie Kyrill und Method auf.

Der Kreschtschatik

Ein paar Häuserblocks parallel zur Wladimirstraße, die einen eher beschaulichen Charakter bewahrt hat, verläuft der Kreschtschatik. Dieser nur 1,2 km lange Boulevard ist die eigentliche City, Hauptgeschäftsstraße und Zentrum des modernen Kiew.

Geschichte: Zwischen der Ober-, Unterstadt und der südlichen Vorstadt **Petschersk** befand sich bis ins 18. Jh. ein dicht bewaldetes Tal, das mehrere Schluchten kreuzten. Es wurde deshalb „Kreschtschatik", das Durchkreuzte, genannt. Ende des 18. Jh. begann man damit, den Pfad, der durch eine der Schluchten führte, zu bebauen. Es entstanden Häuser, Banken, Geschäfte usw. 1892 fuhr hier die erste elektrische Straßenbahn des gesamten Russischen Reiches. 1934 bekam der Kreschtschatik eine Asphaltdecke, und eine Trolleybuslinie ersetzte die Straßenbahn.
Bei Ende des Zweiten Weltkrieges lagen fast alle Gebäude in Schutt und Asche. Der Wiederaufbau vollzog sich in zwei grundverschiedenen Stilrichtungen: In der ersten Phase wurden die Gebäude überwiegend in Stalins neoklassizistisch angehauchtem Zuckerbäckerstil errichtet. Ab Mitte der 1950er Jahre löste die von Chruschtschow propagierte Neue **Sachlichkeit** diesen verschwenderischen Stil ab.

Ähnlich wie die Moskauer Gorkijstraße, legte man den neuen Kreschtschatik gleich in doppelter Breite auf 70 bis 100 m an. Das natürliche Ansteigen des Geländes ausnutzend, wurden die Häuserreihen auf der Ostseite sozusagen ein Stück den Berghang hinaufgeschoben.

Am Europa-Platz

An den Wladimirhügel oberhalb des Dnjeprs grenzt der Jewropeiska Ploschtscha, von dem aus Straßen nach Petschersk, Podil und zum Michailsplatz führen. Hier beginnt der Kreschtschatik. Auf dem Wladimirhügel wurde in den 30er und 40er Jahren des 19. Jh. ein Park angelegt und mit Terrassen versehen. Hier steht auch der vom Schiff aus sichtbare **metallische Regenbogen**, der die Vereinigung des Hetmanats mit Russland 1654 symbolisiert. Er wurde 1982 errichtet. Unter diesem Bogen befindet sich eine Figurengruppe. Ein Ukrainer und ein Russe schwenken ge-

Metallischer Regenbogen

meinsam ein völkerverbindendes Band. Eine andere Gruppe zeigt den Kosakenführer Bogdan Chmelnizkij, umgeben von Vertretern des ukrainischen Volkes in Nationaltracht.

Auf dem Europaplatz wurde 1805 als erstes Gebäude ein hölzernes Theater errichtet. 1851 musste es Platz für das Hotel Europa machen, an dessen Stelle heute das **Haus der Ukraine steht**. Das futuristisch anmutende, quadratische Gebäude mit einem Rondell in der Mitte wurde 1982 eröffnet und diente als Leninmuseum. Heute ist es ein multikultureller Veranstaltungsort mit Filmvorführungen und wechselnden Ausstellungen. Wenn Sie ein Stück die Straße links daneben hinaufgehen, treffen Sie auf die **Alexander-Kathdedrale**. Der Baubeginn war 1817. Das Gotteshaus sollte an den russischen Sieg über Napoleon erinnern und Zar Alexander I. ehren, dem dies gelungen war. Die Fertigstellung zog sich jedoch aus Geldmangel bis 1842 hin. Während der Sowjetzeit diente die Kathedrale als Bibliothek und Planetarium. 1990 wurde sie restauriert und in eine Römisch-Katholische Kirche umgewandelt.

Gegenüber dem **Hotel Dnjepr** (1964 fertiggestellt) liegt das Gebäude der kürzlich restaurierten **Philharmonie**. Es wurde 1882 als Hauptquartier der Kiewer Kaufleute im Renaissance-Stil errichtet.
Es lohnt sich übrigens, durch den Park zu Fuß zurück zum Schiff hinunterzugehen. Auf einer der Terrassen erhebt sich ein Bronzedenkmal des **Fürsten Wladimir**. Es zeigt den Fürsten in der Kleidung eines altrussischen Kriegers mit Blick zum Dnjepr. Der Weg quer durch den Park endet an der bereits erwähnten **Magdeburger Säule** am Dnjepr-Ufer. Eine Unterführung bringt Sie direkt zu den Anlegestellen des Hafens. Auf dem Weg zum Schiff können Sie sich in einem der Cafés stärken.

Wladimir-Statue

Der Unabhängigkeitsplatz

Einen Häuserblock weiter erstreckt sich zu beiden Seiten des Kreschtschatik der **Maidan Nesaleshnosti**, der zentrale Bedeutung hat. Bei seiner Gründung 1870 hieß er „Kreschtschatik-Platz", danach „Duma-Platz". Hier fanden regelmäßig Pferde- und Jahrmärkte statt.

Im Zuge seiner Rekonstruktion anlässlich des 60. Jahrestages der Revolution von 1917 wurden mehrere Springbrunnen mit insgesamt 5 000 Fontänen angelegt. 1977 erhielt er dann den Namen „Platz der Oktoberrevolution". Das zu diesem Anlass aufgestellte, überdimensionale Lenin-Denkmal aus Granit wurde sofort nach der Erklärung der Unabhängigkeit der Ukraine im August 1991 entfernt. Der Platz erhielt seinen aktuellen Namen. Im Herbst 1990 waren noch Studenten zu Füßen Lenins mit Forderungen nach Unabhängigkeit und Demokratie in den Hungerstreik getreten.

Der Unabhängigkeitsplatz

Anlässlich des zehnjährigen Jahrestages des Bestehens der unabhängigen Ukraine wurde der Platz 2001–2002 erneut umgestaltet. Im Zentrum vor dem 16 Stockwerke hohen Hotel Ukraina steht jetzt eine korinthische Säule, auf deren Spitze sich die Statue der **Mutter Ukraine** als Symbol der Unabhängigkeit erhebt. Ein riesiger Bildschirm überträgt Fernsehprogramme unter freiem Himmel. Hier finden außerdem Festivals und Konzerte statt.

Zu den repräsentativen Gebäuden des Komplexes gehört auch die **Tschaikowskij Musikakademie** (1959) rechts, die durch Arkaden und eine Säulengalerie im oberen Stockwerk auffällt.

Den anderen Teil des Platzes gegenüber dominieren das **Gewerkschaftshaus** (1980) und das ebenfalls mit riesigen Arkaden versehene **Hauptpostamt** (1957). Hier befindet sich der geografische Mittelpunkt der Stadt. Auf einem Sockel und dem umgebenden Rondell sind die Entfernungen zu den größten Städten der Ukraine sowie Städten in aller Welt angegeben.

Im hinteren Teil des Platzes ist das wieder aufgebaute **Ladski-Tor** zu sehen, auf dem sich der **Erzengel Michail** erhebt. Er ist der Schutzengel Kiews und ist heute wieder Bestandteil des Stadtwappens. Das Ladski-Tor gehörte einst zu der Befestigungsanlage Richtung Südwesten, bevor diese 1240 von den Mongolen überrannt wurde. Von hier aus hatten einst die Fürsten der Kiewer Rus den direkten Weg zum Höhlenkloster genommen oder sind in ihre Jagdreviere aufgebrochen. Bei der letzten Rekonstruktion des Platzes fand man Reste eines Backsteintores, das im 18. Jh. an der Stelle des alten Ladski-Tores errichtet worden war. Unter der Glaskuppel vor dem Tor verbirgt sich ein riesiges, unterirdisches Einkaufszentrum.

Die Flaniermeile

Stadtwappen im 18. Jh.

Auf der linken Seite des Kreschtschatik beginnt unterhalb des Unabhängigkeitsplatzes die eigentliche Flaniermeile. Oberhalb des Verkehrs, der sich über sechs Spuren wälzt, liegt die Hälfte des Bürgersteiges wie eine Terrasse im Hochparterre. Hier kann man entspannt Schaufensterbummel betreiben. Unter schattenspendenden Kastanienbäumen werden zwischen Blumenbeeten und Bänken preiswertes, ukrainisches Fassbier (z. B. „Slawutitsch", „Taller", „Sarmat" und „Obolon", ca. 1 € für 0,5 l), Eis und andere Erfrischungen angeboten.

Sonn- und Feiertags ist der Boulevard für den Autoverkehr gesperrt. Die „Bergseite" des Kreschtschatik ist auch die Wohnseite. Die Eingänge liegen auf der Rückseite der Wohnmassive, die reich mit Arkaden, Skulpturen, Erkern, Balkons und Loggien versehen sind. Kleine Grünanlagen mit Kinderspielplätzen und Cafés mit moderaten Preisen sind Oasen der Ruhe mitten im Großstadtverkehr.

Auf der gegenüberliegenden „Talseite" stehen die Gebäude verschiedener Ministerien, Behörden, Banken und Büros, sowie Geschäfte und das **Kaufhaus**. Im Monumentalgebäude Nr. 36 ist die **Kiewer Duma** (Stadtverwaltung) untergebracht, vor der nicht selten streikende Bergleute sowie Demonstrationen zu beobachten sind.

Die drei **Metrolinien** Kiews wurden in den 1970er Jahren fertiggestellt. Über die Zugänge zur Metro kann man gefahrlos den Boulevard unterqueren. Diese unterirdischen Gänge haben mit ihren Straßenmusikanten, Einkaufspassagen, Wechselstuben und Imbissbuden einen eigenen Charakter. Der Kreschtschatik endet am **Bessarabska-Ploschtscha**, wo sich auch die **Markthalle** befindet. Sie wurde zwischen 1910 und 1912 ursprünglich für die Händler aus dem fruchtbaren **Bessarabien** (s. S. 119) gebaut, die Kiew mit Obst, Wein, Weizen, Mais, Sonnenblumenöl, Tabak

Markthalle am Bessarabien-Platz

etc. belieferten. Die im Jugendstil erbaute Markthalle überstand als eines der wenigen Gebäude am Kreschtschatik den Zweiten Weltkrieg.

Petschersk

An den Kreschtschatik schließt der Stadtteil Petschersk an, der seinen Namen nach dem hier gelegenen **Höhlenkloster** (russ. petschery = Höhlen) trägt. Nach der Gründung des Klosters 1051 siedelten sich rund um die Anlage im Laufe des 12. Jh. Handwerker und Bauern an, die für das Kloster arbeiteten. Aufgrund der zahlreichen Pilger- und Wallfahrten hierher entstanden auch Gästehäuser.

Der Marienpalast
Der Stadtteil ist wegen seiner vielen Grünflachen und der Nähe zum Zentrum ein beliebtes Wohngebiet. Ein bemerkenswertes Gebäude im Bezirk Petschersk ist der **Marienpalast**, der 1748–52 im Barockstil nach den Plänen von Rastrelli errichtet wurde. Auftraggeberin war Zarin **Elisabeth I.**, die gleichzeitig auch den Bau der Andreaskirche initiierte. Namensgeberin für den Palast wurde jedoch mehr als 100 Jahre später die Ehefrau von Zar Alexander II. **Maria Alexandrowna**, die das Gebäude 1870 nach einem Brand renovieren ließ. In dem Palast finden heute u. a. Regierungsempfänge statt. Direkt daneben wurde 1936–38 das Parlamentsgebäude errichtet.

Park des Ewigen Ruhmes
Im Park des Ewigen Ruhmes am Dnjepr-Ufer liegt seit 1981 die Gedenkstätte für den „Großen Vaterländischen Krieg", überragt von der weithin sichtbaren Statue **Mutter Heimat** mit Schwert und Schild. Sie steht auf

Mutter Heimat

einem 40 m hohen Sockel und misst selbst 68 m. Mit einer Gesamthöhe von 108 m ist sie 15 m höher als die Freiheitsstatue von New York. Zu beiden Seiten der Hauptallee liegen die Gräber von 34 unbekannten sowjetischen Soldaten. Ein 34 m hoher Obelisk, vor dem das Ewige Feuer brennt, steht auf dem **Grabmal des Unbekannten Soldaten**.

Das Kiewer Höhlenkloster

Das Kiewer Höhlenkloster mit einer Fläche von 28 Hektar liegt 3 km südlich vom historischen Zentrum direkt am hügeligen Westufer des Dnjepr. Die goldenen Türme und Spitzen der über 100 Kathedralen, Kirchen, Kapellen und anderen Gebäuden der oberirdischen Anlage ragen zwischen Lindenbäumen hervor.

Plan des Höhlenklosters

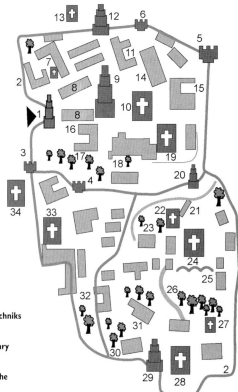

1. Dreifaltigkeits-Torkirche
2. Klostermauer
3. Turm Iwan Kuschniks
4. Südturm
5. Turm St. Onuphry
6. Turm
7. St. Nikolaj-Kirche
8. Klosterzellen
9. Großer Glockenturm
10. Mariä-Entschlafens-Kathedrale
11. Wirtschaftsgebäude.
12. Allerheiligen Torkirche
13. Erlöserkirche von Beristowo
14. Das Kownir Gebäude
15. Zeitungsladen
16. Ehemalige Residenz des Abtes
17. Flawian-Bücherei
18. Residenz des Metropoliten
19. Refektorium
20. Südtor
21. Galerie zu den Näheren Höhlen
22. Glockenturm
23. Bruderschaftsgebäude
24. Kreuzerhöhungs-Kirche
25. Rotunde
26. Galerie zu den Entfernteren Höhlen
27. St. Anna-Empfängnis-Kirche
28. Kirche der Geburt der Gottesmutter
29. Glockenturm
30. Residenz des Vorstehers der Entfernteren Höhlen
31. Zellen der Entfernteren Höhlen
32. Geistliches Seminar von Kiew
33. Auferstehungskirche
34. Kirche des Heiligen Feodossi

Das Kiewer Höhlenkloster ist das älteste Kloster der Kiewer Rus. 20 Jahre vor seiner offiziellen Gründung 1051 hatten sich bereits am Steilhang des Dnjepr Eremiten in Wohnhöhlen zurückgezogen, um hier ungestört meditieren zu können. Einer dieser Mönche soll **Ilarion** gewesen sein. Als Begründer des Höhlenklosters gilt jedoch der Mönch **Antoni** aus Griechenland, der sich in Ilarions Höhle niederließ. Die ersten Einsiedler umzäunten den Platz und zimmerten eine hölzerne Kirche.

Erster Abt war der Heilige **Feodossi**, der dem Kloster eine Ordnung nach griechischem Vorbild gab. Diese forderte Disziplin, Gehorsam, Askese und die Vertiefung in geistliche Schriften. Hier wirkten die ersten Ikonenmaler und Geschichtsschreiber – so auch **Nestor** (1056–1114), der Verfasser der nach ihm benannten Chronik. Die **Nestorchronik** beschreibt die Viten des ersten Abtes des Höhlenklosters Feodossi und der ersten russischen Heiligen **Boris** und **Gleb**. Sie bildet das Kernstück späterer russischer Chroniken und ist die wichtigste schriftliche Quelle über die Geschichte der Kiewer Rus.

Nestor

Während Feodossis Zeit wurde in der 2. Hälfte des 11. Jh. mit dem Bau des Klosters über der Erde begonnen. Es entstanden die Mariä-Entschlafens-Kathedrale (1073–1078) und die Dreifaltigkeits-Torkirche (1106–1108), die für die weitere Entwicklung des Klosters von größter Bedeutung waren.

Die **Höhlen** dienten seit dem Ausbau der oberirdischen Anlage als **Grabkammern** für die Mönche. Das Kloster besteht somit aus zwei Teilen: der „Oberen Lawra" und der „Unteren Lawra" mit ihrem weitverzweigten Höhlensystem.

Die Bezeichnung „lawra" (griech. laura = enge Gasse) war ursprünglich der Name für die Eremitensiedlungen. Später bezeichnete es jedoch bedeutende, orthodoxe Männerklöster, wie z.B. auch das berühmte Kloster auf dem **Berg Athos** in Griechenland.

1688 wurde dem Kiewer Höhlenkloster offiziell der Status einer Lawra bestätigt. In der Ukraine trägt nur noch das **Potschajewer Kloster** bei Ternopol im Westen diesen Titel. In Russland sind es das **Alexander-Newskij-Kloster** in St. Petersburg sowie das Kloster **Sergijew-Possad** (Sagorsk) bei Moskau.

Das Kloster beeinflusste die Entwicklung der altrussischen Architektur, Malerei, Literatur, angewandten Kunst und die Verbreitung des Schrifttums. Als **Bildungszentrum** der Russisch-Orthodoxen Kirche brachte es die größten Prediger und Verbreiter der christlichen Lehre hervor. Kiewer Mönche nahmen in 20 russischen Städten den Bischofsthron ein. Nach der Kirchenunion von 1595 wurde das Kloster zur Bastion des orthodoxen Glaubens.

Einen weiteren Ausbau erlebte das Kloster Ende des 17. Jh. Vor allem der Hetman Iwan Masepa tat sich im Kirchenbau hervor und ließ etliche der sakralen und weltlichen Bauten des Klosters mit Barockgiebeln, Pilastern und Simsen umgestalten.

Im Verlauf des Nordischen Krieg gegen Schweden verwandelte **Peter der Große** 1706 sowohl die Altstadt von Kiew als auch das Kloster in eine Festung. Die Obere Lawra wurde mit einer separaten Steinmauer umgeben. Insgesamt acht Turmkirchen waren in die Befestigungsanlage eingefügt und hatten die Funktion von Wachtürmen. Von ihnen sind sechs erhalten geblieben.

Stalins Klosterverfolgungen

Anfang des 20. Jh. lebten in dem Kloster noch über 1 200 Mönche. Am 29. September 1926 wurde das Kloster auf Befehl Stalins aus einer Stätte „religiösen Opiums" in eine Stätte der „proletarischen Kultur" mit dem Namen „Allukrainische Museumsstadt" umgewandelt. Die große, barocke Mariä-Entschlafens-Kathedrale beherbergte nun das „atheistische" Museum. Die stalinistische Politik strebte eine vollständige Liquidierung aller Klöster an, die als „Brutstätten des Parasitentums" galten. Alle Klosterkirchen, die nicht unmittelbar dem Gottesdienst dienten, wurden geschlossen. Die anderen Kirchen konnten nach Ermessen der örtlichen Behörden zu sozialen oder profanen Zwecken verwendet werden.

Nach offiziellen Angaben verschwanden damals 673 Klöster. Die Mönche schnitten sich die langen Haare und Bärte ab, heirateten und versuchten, ihren Lebensunterhalt anderweitig zu verdienen. Nur einzelne betagte Klosterinsassen ließ man als Wächter zurück. Zwischen 1942 und 1961 konnte sich jedoch ein unterirdisches Kloster behaupten.

Im Zusammenhang mit der Kampagne gegen die Klöster deckte man den sogenannten **Reliquienschwindel** auf. Bei Öffnung der Schreine und Särge stellte man fest, dass viele der angeblichen Gebeine von wundertätigen Heiligen künstliche Nachbildungen waren. Es kam zu Prozessen gegen die Geistlichkeit wegen Scharlatanerie und Betrug.

Nachdem das Höhlenkloster während des Zweiten Weltkrieges großen Schaden genommen hatte, wurde Mitte der 1950er Jahre mit der Restaurierung begonnen. Die Sowjetregierung unter **Chruschtschow** bewilligte große Mittel, um diesen Komplex wieder herzustellen. Die antireligiösen Tafeln und Inschriften verschwanden. Schon bald führten Mönche mit flackernden Kerzen in der Hand wieder Besuchergruppen durch die dunklen Gänge der Katakomben.

Anlässlich der 1000-Jahrfeier des Christentums auf russischem Boden erhielt 1988 die Russische-Orthodoxe Kirche das Besitzrecht an den **Höhlen** zurück. Wenig später nahm das gesamte Kloster seine Tätigkeit wieder auf und eröffnete ein **Priesterseminar** sowie eine Akademie. 1990 wurde die Anlage in die UNESCO-Liste als Weltkulturerbe aufgenommen. Seit 1992 ist das Kloster offizielle Residenz des Metropoliten von Kiew und der „Ukrainisch-Orthodoxen Kirche des Moskauer Patriarchats".

INFO: Kirchen in der Ukraine

Zu sowjetischen Zeiten war die „Russisch-Orthodoxe Kirche" die einzig zugelassene in der Ukraine. 1989 wurde sie mit Billigung des Moskauer Patriarchates in „Ukrainisch-Orthodoxe Kirche" umbenannt.

*1918 hatte sich noch eine von Russland unabhängige „Ukrainische **Autokephale** Orthodoxe Kirche" gebildet, die 1926 verboten wurde. Im amerikanischen Exil lebte diese weiter. Ihr Metropolit kehrte 1992 in die Ukraine zurück. Die beiden Kirchen vereinigten sich gegen den Willen des Moskauer Patriarchen, der den Kiewer Metropoliten seiner Ämter enthob. Daraufhin kam es 1993 zu einer Spaltung in die „Ukrainisch-Orthodoxe Kirche des **Moskauer Patriarchats**" und die „Ukrainisch-Orthodoxe Kirche des **Kiewer Patriarchats**". Damit existieren gegenwärtig drei orthodoxe Kirchen und die **Unierte Kirche** in der Ukraine. Auch Lutheranische, Römisch-Katholische und andere Kirchen sind wieder zugelassen. Nach jahrelanger Rivalität gibt es inzwischen Tendenzen der Annäherung, an der besonders die kleinste Kirche unter ihnen, die „Autokephale", interessiert ist. Die größte Gemeinde stellt in der Ukraine die des „Moskauer Patriarchats".*

Die Torkirche
(historische Aufnahme)

Die Obere Lawra

Der Zutritt zum Klosterkomplex erfolgt über die **Dreifaltigkeits-Torkirche** (1), eines der wertvollsten Denkmäler der altrussischen Architektur. Sie wurde 1106–1108 über dem Haupteingang in die Klostermauer integriert und diente gleichzeitig als Wachturm. Sie widerstand dem Mongolensturm 1240 und war danach die Hauptkirche. Anfang des 18. Jh. erhielt sie ihr prächtiges, barockes Aussehen.

Die **Mariä-Entschlafens-Kathedrale** (10) ist die älteste Steinkirche des Klosters. Sie wurde von 1073–78 errichtet. Neben der Sophien-Kathedrale war sie die zweite byzantinisch inspirierte Kirche und Vorbild für alle weiteren sakralen Bauten im Lande. In der Kathedrale befanden sich die Gruft der Fürsten, die Sakristei, die Bibliothek und eine Schatzkammer.
Die Kathedrale wurde im November 1941 nach offizieller sowjetischer Darstellung von deutschen Nazis gesprengt. Eine andere Version besagt, dass sowjetische Partisanen eine Zeitbombe zündeten, als hohe NS-Vertreter das Gebäude besichtigen wollten.
Aus der Ruine erstand die Kathedrale 1999/2000 wieder neu mit Hilfe von Staatsgeldern. Präsident Kutschma übertrug sie der Ukrainisch-Orthodoxen Kirche des Moskauer Patriarchats (s. o.), der das Höhlenkloster untersteht.
Im Zentrum der Anlage vor der Mariä-Entschlafens-Kathedrale erhebt sich der alles überragende 96,5 m hohe **Hauptglockenturm** (9), der 1731–1744 von dem in St. Petersburg lebenden preußischen Architekten J. G. Schädel konzipiert wurde. Der Turm hat vier Stockwerke und ist mit einer goldenen Kuppel gekrönt. Im vierten Stockwerk befindet sich neben der Turmuhr das Glockenspiel, das 1903 von Moskauer Meistern eingebaut wurde. Von den ursprünglich zwölf Glocken sind noch sieben erhalten geblieben. Alle 15 Minuten werden die mit dem Uhrwerk verbundenen Glocken geläutet.

Hinter der Mariä-Entschlafens-Kathedrale steht das **Kownir-Haus** (14). Es handelt sich um die ehemalige Bäckerei, die nach einem Brand von dem leibeigenen Architekten **Stepan Kownir** Mitte des 18. Jh. wiederhergestellt wurde. Heute befindet sich hier ein Museum für historische Schätze mit Exponaten, die bei Ausgrabungen gefunden wurden. Zu sehen sind u. a. Schmuck der Skythen, antike Bronzevasen und Münzen.

Links und rechts erstrecken sich in zwei Reihen die **Mönchszellen** (8 und 9) aus dem 18. Jh., in der sich eine Ikonenausstellung und eine Gemäldesammlung befinden.

Im (vom Eingang aus) linken Teil der Anlage erhebt sich an der Südfassade die hübsche **Allerheiligen-Torkirche** (12). Sie stammt aus dem Jahr 1698 und ist ein gelungenes Beispiel des frühen, ukrainischen Barock. Durch das Tor, das ebenfalls als Wachturm diente, gelangt man auf den Wirtschaftshof des Klosters.

Nicht weit von hier lag außerhalb der Klosteranlage einst das Dorf **Berestowo**, die Sommerresidenz der Fürsten. Schon Fürst **Wladimir I.** hielt sich gern in dem Dorf auf, wo er 1015 gestorben sein soll. Fürst Wladimir **Monomach** ließ Anfang des 12. Jh. die **Erlöserkirche** (13) als Beerdigungsstätte für die Nachkommen seiner Dynastie errichten.
Hier befindet sich die Gruft seines Sohnes **Jurij Dolgorukij**, dem Begründer **Moskaus**. Dieser starb 1157 knapp 10 Jahre nach der Errichtung des ersten Moskauer Holzkremls. Seine letzten Lebensjahre hatte er in Kiew verbracht. 1947 wurde während der Feierlichkeiten anlässlich des 800-jährigen Bestehens Moskaus ein Granitsarkophag als Gedenkstein für Dolgorukij aufgestellt. Im Inneren der Kirche, die 1240 von den Mongolen weitgehend zerstört und im 17. Jh. wieder aufgebaut wurde, sind Fresken aus dem 12. Jh. erhalten geblieben.

Die Untere Lawra – die Höhlen

TIPP: Es ist sicher nicht jedermanns Sache, sich durch die dunklen, muffigen Gänge zu bewegen. Die Höhlen gelten als Heiligtum, und es ist ungeschriebenes Gesetz, vorher eine Kerze bei den Mönchen zu erwerben. Damen sollten ein Kopftuch tragen, Herren gegebenenfalls den Hut abnehmen. Nackte Arme und Beine sind sowohl bei Herren als auch bei Damen tabu. Außerdem gilt das Gebot des Schweigens. Es kann vorkommen, dass die Höhlen an bestimmten kirchlichen Feiertagen nicht für Besucher geöffnet werden.

Das unterirdische Kloster besteht aus zwei Teilen, den „Näheren" und den „Entfernteren" Höhlen. Der Zusatz bezieht sich auf die Entfernung zur Mariä-Entschlafens-Kathedrale.

Die Näheren Höhlen

Der Zugang zu den Näheren Höhlen erfolgt durch das **Südtor** (20), das 1795 angelegt wurde. Nahe des **Glockenturmes** (22) von 1796 geht es zu den Höhlen hinab.
Die Näheren Höhlen, die nach dem Heiligen **Antonius** benannt sind, bestehen aus etwa 230 m Gängen und Gewölben, die bis zu 20 m unter der Erde liegen. Die Gänge sind nur etwa 2 m hoch und 1,3 m breit. Die unter der Erde herrschenden, spezifischen klimatischen Bedingungen trugen zur Mumifizierung bei. Die Temperatur liegt konstant zwischen 10 und 12°C. In den Gängen sind in Nischen hinter Glas die in Tücher gehüllten Mumien von Mönchen und Heiligen beigesetzt. Die berühmtesten Gräber sind das von **Antonius**, des ersten Mönches des Klosters, und das von **Nestor**. Insgesamt liegen hier die sterblichen Überreste von 80 Chronisten, Ikonenmalern, Bischöfen, Heilern u. a.
Viele der Mumien gelten als heilig. Sie werden von den Gläubigen als Reliquien verehrt, die Gebrechen und Krankheiten zu heilen vermögen. Über

oben: Das Kiewer Höhlenkloster
unten links: Die Mariä-Entschlafens-Kathedrale
unten rechts: Die Christi-Verklärungs-Kathedrale
Foto: Bildpixel/pixelio.de

oben: Dnjepr-Landschaft bei Kanew
unten links: Schewtschenko-Denkmal bei Kanew
unten rechts: Blumenfrauen singen ein Lied

oben: **Bordprogramm Neptunfest**
unten: **Schwäne an Bord**

oben links: Die Nikolaj-Kirche bei Komsomolsk
oben rechts: Die Christi-Verklärungs-Kathedrale von Dnjepropetrowsk
unten: Die Dnjepr-Stauseen gleichen riesigen Meeren.
Foto: Peter Heckmann/pixelio.de

Sarkophag und Ikone

viele Jahrhunderte pilgerten aus ganz Russland Wallfahrer nach Kiew, die nach orthodoxer Sitte die Glasplatte küssten, hinter der die Reliquie aufgebahrt war und eine Münze in den Opferstock warfen. Ein großer Teil der klösterlichen Einkünfte kam auf diese Weise zustande. Neben Zellen, Krypten, einem Speisesaal und drei Kirchen gibt es in den Gängen auch vergitterte Zellen, in die politische Gefangene der Zaren eingesperrt wurden.

Die Entfernteren Höhlen

Der Zugang zu den Entfernteren Höhlen des Heiligen **Feodossi** befindet sich im äußersten Süden der Anlage in der **St. Anna-Empfängnis-Kirche** (27) von 1679. In der Nähe liegen die siebenkupplige Kirche der Geburt der Gottesmutter (28) von 1696 im Stil der traditionellen Holzkirchen und rechts daneben der barocke **Glockenturm** (29) von 1761.

Die Entfernteren Höhlen sind die älteren und ursprünglichen der beiden Katakombensysteme. Sie bestehen aus drei Abteilungen mit insgesamt 280 m Gängen und 45 Bestattungsplätzen. Im 12. Jh. wurden hier drei unterirdische Kirchen angelegt.

Streckeninfo: Kiew – Kanew

Ihr Schiff, das generell mit dem Bug nach Norden gegen die Fließrichtung liegt, um den Wasserwiderstand zu verringern, wendet Richtung Süden. Am rechten Ufer tauchen nach wenigen Minuten die goldglänzenden Kuppeln des Kiewer **Höhlenklosters** auf. Sollten Sie abends ablegen, liegt die malerische Anlage leider im Schatten.
Dann weitet sich der Dnjepr, der hier von zahlreichen Inseln durchsetzt ist, allmählich zum **Kanewer Stausee**. Er hat eine Breite von bis zu 5 km. In der nächsten Stunde passieren Sie das Kiewer Vorortgebiet. Links sehen Sie im Hintergrund die Hochhäuser der Neubaugebiete, im Vordergrund schmucke Villen.
Für seinen **Mittellauf** ab Kiew ist ein rechtes Steilufer und ein flaches, linkes Wiesenufer charakteristisch. Er durchfließt **Waldsteppe**, d. h. von kleinen Waldstücken durchsetzte Steppe. Auf dem fruchtbaren Schwarzerdeboden, der hier beginnt, werden überwiegend Weizen, Gerste und Zuckerrüben angebaut.

Perejaslaw-Chmelnizkij

Die erste Stadt, an der das Schiff nach 90 km und etwa 4,5 Stunden Fahrt vorbeikommt, ist **Perejaslaw-Chmelnizkij** mit 24 000 Einwohnern. Sie liegt am rechten Ufer an der Einmündung des **Trubesh** in den Dnjepr.

Die Stadt Perejaslaw tauchte bereits 906 in den Chroniken auf und wurde 992 zur Grenzfestung ausgebaut. Vom 11.–13. Jh. war sie Zentrum des gleichnamigen Fürstentums. 1239 fiel sie den Mongolen zum Opfer.

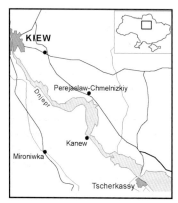

Ab der 2. Hälfte des 16. Jh. entwickelte sich Perejaslaw zu einem **Zentrum des Kosakentums**. 1654 wurde in der Stadt Geschichte geschrieben. Hier fand die Unterzeichnung des Vertrages zwischen dem Hetmanat und dem Russischen Reich statt, der die Vereinigung der beiden Gebiete besiegelte. Zu Ehren dieses Ereignisses erhielt die Stadt 1943 nach dem Namen des Kosakenführers den Zusatz „Chmelnizkij". Bis zur Schleuse nördlich von Kanew bleiben noch etwa 2 Stunden. Sollte ein Aufenthalt in Kanew nicht in Ihrem Programm stehen, passieren Sie die Schleuse und die Stadt wahrscheinlich nachts.

Blumenfrauen von Kanew

Kanew

Einwohnerzahl: 25 000

Kanew liegt am rechten Ufer des Dnjepr und gehört bereits zum Gebiet Tscherkassy. Kanew ist eine der ältesten Städte der Ukraine und wurde im 12. Jh. von **Jaroslaw dem Weisen** als südliche Grenzbefestigung der Kiewer Rus gegründet. Aus dieser Zeit sind Reste von Erdwällen sowie die **Mariä-Entschlafens-Kathedrale** (1144) erhalten geblieben. Die kleine Stadt lebt vom Obstanbau und vom Tourismus. In der malerischen Landschaft der Umgebung gibt es einige Sanatorien. Die Anlage des Stausees 1972 und der Bau des **Wasserkraftwerkes waren** für das Gebiet von großer wirtschaftlicher Bedeutung. Landesweit bekannt ist Kanew aufgrund der **Gedenkstätte** für den bedeutendsten ukrainischen Nationaldichter und Maler des 19. Jh. **Taras Schewtschenko** (s. auch das Kapitel zur ukrainischen Nationalbewegung S. 31 ff.). An der nach Schewtschenko benannten Anlegestelle **Tarassowa Gora** (Tarassow-Berg) 7 km südlich der Stadt werden Sie von Einheimischen erwartet, die Ihnen für wenig Geld Blumensträuße anbieten. Diese sind weniger für den Eigenbedarf gedacht, als für das Niederlegen an Schewtschenkos Grab. Für die Verkäufer im Rentenalter ist der Blumenhandel eine wichtige Einnahmequelle.

Die Gedenkstätte erreichen Sie am besten zu Fuß über eine Treppe, die im Schatten der Bäume über 300 Stufen auf den Hügel führt. Aber auch Taxifahrer bieten Ihre Dienste für etwa 1 Dollar pro Person an. Oben werden Sie mit einem herrlichen Blick über die Dnjepr-Landschaft belohnt. Das nahegelegene Museum befasst sich mit Stationen aus Schewtschenkos Leben.

Seine sterblichen Überreste waren 1861 von St. Petersburg gemäß seinem Poem „Vermächtnis" auf den Tschernetschij-Hügel oberhalb des Dnjeprs überführt worden.

> „Wenn ich sterbe, sollt zum Grab ihr den Kurgan mir bereiten,
> in der lieben Ukraine,
> auf der Steppe, der breiten, wo man weite Felder sieht,
> den Dnjepr und seine Hänge,
> wo man hören kann sein Tosen und seine Gesänge."

Als 1914 die Anhänger Schewtschenkos am Grab dessen hundertsten Geburtstag zelebrieren wollten, ließ **Nikolaj II**. die Feierlichkeiten verbieten und das Grab von Truppen umstellen.

Streckeninfo:
Kanew – Tscherkassy – Krementschug

Ab Kanew fließt der Dnjepr wieder in seinem natürlichen Bett. Nach etwa 1,5 Stunden Fahrt erreichen Sie den Krementschuger Stausee. Er ist der größte Stausee im Dnjepr und etwa 150 km lang. Seine Breite erreicht an manchen Stellen 40 km, seine Fläche macht 2252 km^2 aus. Nach weiteren 1,5 Stunden macht Ihr Schiff Halt vor der **Eisenbahnbrücke**, die die Stadt Tscherkassy mit dem anderen Ufer verbindet. Diese Brücke wurde zu Zeiten angelegt, als auf dem Dnjepr nur niedrige Lastenkähne verkehrten. Ihr Schiff ist jedoch – je nach Wasserstand des Stausees – um einiges höher, als dass es unter der Brücke hindurchpassen würde. Um den Tiefgang zu vergrößern, müssen etliche Tonnen Wasser geladen werden. Dann fährt Ihr Schiff mit minimaler Geschwindigkeit in Maßarbeit unter der Brücke hindurch. Der Abstand zu deren Querstreben beträgt nur wenige Zentimeter.

Die Hauptstadt des gleichnamigen Gebietes Tscherkassy liegt am rechten Ufer des Krementschuger Stausees.

Tscherkassy wurde 1394 als Grenzbefestigung an der Stelle einer alten Anlage der Kiewer Rus errichtet und entwickelte sich im 15./16. Jh. zur Kosakenfestung. Mit dem Zusammenschluss Polen-Litauens 1569 fiel der Ort an Polen. Tscherkassy wurde zum Sitz des rechtsufrigen Hetmanats, das der polnische König 1699 wieder abschaffte. Im Zusammenhang mit den Polnischen Teilungen ging der Ort 1793 an Russland und erhielt 1795 das Stadtrecht.

Streckeninfo:
Tscherkassy – Krementschug

Einige Kilometer vor Krementschug erreichen Sie die nächste **Schleuse**, die Sie in den **Dnjeprodsershinsker Stausee** bringt. Er wurde 1963–1964 angelegt und erstreckt sich über eine Länge von 115 km. Er hat eine Fläche von 567 km^2. In den Stausee münden acht Flüsse, die an ihren Mündungsstellen große Buchten bilden.
Bevor Sie jedoch in Krementschug anlegen können, macht Ihr Schiff in Sichtweite des Hafens noch einen Halt vor der **Eisenbahn-Hebebrücke**. Der Mittelteil der Brücke kann vom Brückenwart um einige Meter angehoben werden, um Schiffe passieren zu lassen. Obwohl jedem Schiff lange im voraus eine bestimmte Zeit zugeteilt wird, kann es schneller gehen oder zu Wartezeiten kommen.

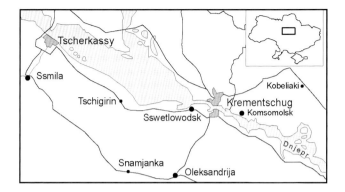

Krementschug

Einwohnerzahl: 230 000

Die Stadt wurde 1571 als Festung zur Sicherung der Südgrenze des Russischen Reiches gegründet. Der Name bezieht sich auf „kremen", einen quarzhaltigen Kieselstein, der hier vorkommt. In Krementschug kreuzten sich alte Handelswege mit dem Dnjepr, was die Entwicklung der Festung zu Stadt und Handelszentrum begünstigte.

Mitte des 18. Jh. wurde die Stadt bekannt als Zentrum der Tabakindustrie. Während des **Krimkrieges** 1855 liefen in Krementschug die Schiffe für die Schwarzmeerflotte vom Stapel. Heute ist die Stadt Industriestandort mit Waggon- und Schwermaschinenbau sowie Erdöl-, Chemie- und Textilindustrie.

Zu Sowjetzeiten hatte Krementschug einen guten Ruf als Produzent von dreiachsigen Lastwagen mit einer Kapazität von bis zu 50 Tonnen. Die jährlich hier produzierten 40 000 Stück wurden in 50 Länder exportiert. In den 70er Jahren entstand eine riesige Ölraffinerie, in der 16 Millionen Tonnen Öl pro Jahr verarbeitet wurden.

Streckeninfo: Krementschug – Dnjepropetrowsk

Südlich von Krementschug tritt der Dnjepr in die baumlose Wiesensteppenzone mit weiten Getreidefeldern ein. Im Süden des Landes gedeihen alle Getreidearten, Mais, Zuckerrüben, Sonnenblumen, Obst und Gemüse.

Nach etwa 4 Stunden Fahrt erreichen Sie die Nordgrenze des Gebiets, das bis 1775 von der Saporoshjer Setsch am linken Dnjepr-Ufer verwaltet wurde.

Von Krementschug bis zum nächsten Halt an der **Schleuse** von **Dnjeprodsershinsk** sind es noch 122 km, die Sie in ca. 6 Stunden zurücklegen. Die riesigen Schornsteine der Industriestadt Dnjeprodsershinsk (270 000 Einwohner) am hügeligen, rechten Dnjepr-Ufer sind bereits von weitem sichtbar. Der Ort wurde um 1750 als **Kamenskoje** (russ. kamen = Stein) aufgrund der hiesigen Steinkohlevorkommen gegründet. Seit 1936 trägt die Stadt den Namen nach Feliks **Dsershinskij**, dem Begründer der ersten politischen Polizei und Vorläufer des KGB in Sowjetrussland. **Leonid Breshnjew** wurde hier geboren, ging zur Schule und arbeitete später in einer Eisen- und Stahlfabrik. Dnjeprodsershinsk ist Zentrum der Eisenmetallurgie, der Chemie und des Maschinenbaus mit Hütten-, Stahl- und Walzwerken, Gießereien und Koksereien.

Nach der Schleuse fließt der Dnjepr wieder in seinem natürlichen Bett. Die nächsten 40 km bis Dnjepropetrowsk führen durch ein landschaftlich reizvolles, aber leider nahtlos ineinanderübergehendes Industriegebiet mit entsprechender Luftverschmutzung. Kurz vor Dnjepropetrowsk legt das Schiff, wie schon vor Krementschug, eine Zwangspause vor der **Eisenbahn-Hebebrücke** ein.

Eisenbahn-Hebebrücke von Krementschug

Dnjepropetrowsk

Einwohnerzahl: 1 010 000

Die Schwerindustriestadt Dnjepropetrowsk hat – im Unterschied zu ihren nur wenig später aus der Taufe gehobenen „Geschwistern" Odessa und Sewastopol – nicht viel zu bieten, was aus touristischer Perspektive interessant ist. Umso spannender ist die Geschichte der Stadt, mit der wir uns deshalb näher beschäftigen.

Potjomkins Traum

Auf Befehl **Katharinas der Großen** begannen 1786 Baumeister unter der Regie von Fürst Potjomkin mit dem Bau der Stadt am rechten Dnjepr-Ufer. Das zukünftige **Jekaterinoslaw** sollte nach den Vorstellungen Potjomkins die größte und prachtvollste Stadt Neurusslands werden, verewige sie doch in ihrer Bezeichnung den Namen Katharinas der Großen. Geplant waren u. a. der Bau einer Universität, einer Kunstakademie und eines Konservatoriums. Die öffentlichen Gebäude sollten nach griechischen und römischen Vorbildern entstehen. Gedacht waren an das Eingangstor der Akropolis von Athen und an ein Amphittheater.

Christi-Verklärungs-Kathedrale – 19. Jahrhundert

Als Dank und Zeichen dafür, dass sich das Gebiet von unfruchtbarer Steppe in einen reichen Garten verwandelt hatte, wollte Potjomkin auf einem Hügel die **Christi-Verklärungs-Kathedrale** mit zwölf Kuppeln errichten lassen. Es sollte die größte der Welt werden, mit der sich allenfalls die Peterskirche in Rom messen konnte.

Am 9. Mai 1787 traf **Katharina II**. mit dem österreichischen **Kaiser Josef II**., der inkognito reiste, und ihrem Gefolge in der neuen Stadt ein. Von der standen allerdings erst ein paar Holzhäuser. In einer feierlichen Zeremonie, an der das Erzbischöfliche Konzil und der gesamte Klerus teilnahmen, legte Katharina den ersten Stein in das Fundament, Josef II. den zweiten und Fürst Potjomkin den dritten.

Joseph II. schrieb anschließend an einen Freund: „Ich habe heute eine denkwürdige Tat vollbracht. Die Kaiserin legte den ersten Stein der neuen Kirche und ich – den letzten."

Das Ende vom Traum

Joseph II. sollte mit seinem Sarkasmus Recht behalten. Potjomkins hochfliegende Pläne, Jekaterinoslaw zum St. Petersburg des Südens, zum Zentrum der Macht, des Reichtums und der Wissenschaft zu machen, erwiesen sich als Fata Morgana.

Potjomkin-Palais (historische Aufnahme)

Die Kathedrale wurde zwar gebaut – aber erst Jahrzehnte später und wesentlich kleiner, als geplant. Genau 48 Jahre nach ihrer Grundsteinlegung wurde die jetzt nur noch dreikupplige Kathedrale am 9. Mai 1835 geweiht. Der Zaun, der heute das Kathedralengelände eingrenzt, steht auf ihrem ursprünglich geplanten Fundament.

Das **Potjomkin-Palais** als Residenz des Gouverneurs mit aufwändig gestaltetem „Englischen Garten" mit Orangerie und Gewächshäusern dagegen konnte nach dreijähriger Bauzeit 1789 noch fertiggestellt werden. Es wurde im Zweiten Weltkrieg zerstört. An seiner Stelle steht heute der „Studentenpalast Jurij Gagarin" im Schewtschenko-Park. Statt einer Universität wurde 1793 nur eine Volksschule für 36 Schüler in einer feierlichen Zeremonie ihrer Bestimmung übergeben.

Bereits zur Zeit Peters des Großen Anfang des 18. Jh. hatte man in der Region **Steinkohle** entdeckt, aber nichts damit anfangen können. Nachdem Ende des 18. Jh. auch **Eisenerz** gefunden worden war, ließ Potjomkin bei **Donezk** im Osten des Gouvernements Fabriken errichten, um Eisen für die Kanonen der Schwarzmeerflotte zu gewinnen – allerdings ohne jeden Erfolg.

Weder Katharina noch Potjomkin sollten jemals wieder nach Jekaterinoslaw zurückkehren. Der Mitte 1787 ausgebrochene Türkenkrieg, der Russland 1792 weitere Gebietsgewinne im Schwarzmeerraum brachte, verschlang alle Kräfte und finanziellen Mittel. Potjomkin zog als Feldmarschall in den

Krieg. Er starb 1791 völlig unerwartet auf dem Weg nach Jekaterinoslaw und wurde in Cherson beerdigt.
Katharina überlebte ihn nur um wenige Jahre. Nach ihrem ebenfalls plötzlichen Tod im November 1796 kam ihr Sohn **Pawel I**. auf den Zarenthron. Pawel hatte seine Mutter abgrundtief gehasst, weil er sie für die Ermordung seines Vaters verantwortlich machte. Pawel verwarf alle Pläne in Bezug auf Jekaterinoslaw, verhängte einen Baustopp und benannte die Stadt in **Noworossijsk** um. Der Englische Garten wurde aufgelöst und die seltenen Bäume für einen Schleuderpreis verkauft.

Historische Bronzestatue der Katharina II.

Das 19. Jahrhundert

Zar Pawel I. wurde nach nur 5 Jahren Amtszeit 1801 von adligen Verschwörern in St. Petersburg ermordet. Sein Sohn und Nachfolger **Alexander I**. versprach, nun „nach dem Gesetz und nach dem Herzen seiner Großmutter Katharina" zu regieren. Die Stadt erhielt 1802 ihren Namen Jekaterinoslaw zurück sowie den Status als Zentrum des gleichnamigen Gouvernements. Außerdem wurden ein Geistliches Seminar und ein Gymnasium eröffnet.

Doch Jekaterinoslaw blieb mit nur 6 400 Einwohnern auch in den folgenden Jahrzehnten alles andere als ein blühendes Gouvernementszentrum. Von den geplanten 19 Betrieben waren nur eine Tuchweberei und eine Seidenspinnerei entstanden. Die Bevölkerung lebte von Ackerbau und Viehzucht, Fischfang, Imkerei und Salzgewinnung. Aufgrund der Stromschnellen weiter südlich endete hier die **Schiffbarkeit des Dnjeprs**. Das andere Dnjepr-Ufer konnte über die einzige Holzbrücke nur bei ruhigem, trockenen Wetter gefahrlos erreicht werden.

Die Industrialisierung

An dieser tristen Lage änderte sich erst etwas, als nach der **Abschaffung der Leibeigenschaft** 1861 ein englischer Industrieller 1869 mit Maschinen und Arbeitern aus England die erste Eisengießerei errichtete.
Jetzt schmolz man mit englischem „know how" Eisenerz aus der näheren Umgebung Jekaterinoslaws. Bald fand man bei **Kriwoj Rog** – einem damals kleinen Ort im westlich angrenzenden Gouvernement Cherson –

hochprozentigere Eisenerzvorkommen. Um das Erz aus dem Westen und die Kohle aus dem Osten in Jekaterinoslaw zusammenzubringen, war es dringend notwendig, eine **Eisenbahnlinie** zu bauen.

Im Mai 1884 wurde mit der Fertigstellung der **Eisenbahnbrücke** über den Dnjepr die **Jekaterinenbahn** eröffnet, die Jekaterinoslaw nicht nur mit dem Donbass und Kriwoj Rog, sondern auch mit Charkow und den neuen Schwarzmeerhäfen **Nikolajew** und **Sewastopol** verband. Von dem Bau der Eisenbahnlinie profitierte ganz Neurussland. Jekaterinoslaw nahm eine rasante Entwicklung zum bedeutendsten Industrie- und Handelszentrum Russlands mit Eisenhütten, Walzwerken und Schwermaschinenbau. Innerhalb von 25 Jahren wuchs die Bevölkerungszahl von 47 000 auf 180 000 Personen.

Einweihung der Eisenbahnbrücke über den Dnjepr 1884

Zentrum der sowjetischen Rüstungsindustrie

1926 wurde die Stadt nach dem bolschewistischen Parteifunktionär **Grigorij Petrowskij** (1878–1958) in Dnjepropetrowsk umbenannt.

Zu sowjetischen Zeiten entwickelte sie sich zum Zentrum der Rüstungsindustrie und gehörte zu den größten Raketenproduzenten der Welt. Deshalb war die Stadt auch für Ausländer gesperrt. Hier wurden Trägerraketen für die Weltraumabschussrampe Baikonur produziert sowie Raketen der Serien SS 18–24. Ex-Präsident der Ukraine **Leonid Kutschma** war von 1986–92 Generaldirektor von „Jushny", dem größten Rüstungsbetrieb der Ukraine.

Der Dnjepropetrowsker Wirtschaftsclan

Unter Leonid Kutschma (1994–2004) entwickelte sich in der Ukraine – stärker als in Russland – ein gigantisches Flechtwerk aus Politik und Wirtschaft. Zunächst berief der Präsident Vertreter regionaler politischer Eliten nach Kiew, um sie mit wichtigen politischen Ämtern auszustatten. Diese wiederum förderten bestimmte Unternehmer ihrer Region, die sich ihren Politfreunden gegenüber durch Gewinnbeteiligungen erkenntlich zeigten. Diese Seilschaften nahmen durch Aufkauf von Fernsehsendern und anderer Medien direkten Einfluss auf die öffentliche Meinung zugunsten des Präsidenten.

Ende der 1990er Jahre schlossen sich die Oligarchen im Raum Kiew, Donezk und Dnjepropetrowsk zu drei großen regionalen **Wirtschaftsclans** zusammen.

Dnjepropetrowsk – Stadt der Banken und der Industrie

Der aus fünf branchenübergreifenden Holdinggesellschaften bestehende Dnjepropetrowsker Clan stellte gleich mehrere Ministerpräsidenten – darunter **Pawlo Lasarenko**, der sich 1998 in die Schweiz absetzte. 2004 wurde er in den USA wegen Erpressung, Geldwäsche und Betrug zu 9 Jahren Haft verurteilt. Kutschmas Schwiegersohn und Milliardär **Viktor Pintschuk** leitet die Holding Interpipe, die sich u. a. aus einem Pipeline-Röhrenwerk, Metallurgiebetrieben, einer Kreditbank, einem Fernsehkanal und dem Kiewer Netzanbieter Kiew-Star zusammensetzt.

Auch die derzeitige Ministerpräsidentin **Julia Timoschenko** zählt zu dem Dnjepropetrowsker Clan. Von 1995–1997 leitete die „Gasprinzessin" eines der größten Erdgashandelsunternehmen der Ukraine, das seinen Erfolg dem damaligen Ministerpräsidenten Lasarenko verdankte. Dieser schanzte dem Unternehmen Import- und Vertriebslizenzen zu und kassierte dafür Bestechungsgelder in Millionenhöhe. Die Flucht Lasarenkos ließ die Holding zusammenbrechen.

Nach dem Sieg der „Orangen Revolution" 2004 erlangten Unternehmer politischen Einfluss, die Viktor Juschtschenko und Julia Timoschenko unterstützt hatten. Einige Oligarchen wechselten in das Orange Lager und erhielten so die Möglichkeit, Abgeordnetenmandate zu übernehmen. Bei den Parlamentswahlen 2007 wurden acht Oligarchen ins Parlament gewählt, wobei fünf von ihnen dem Orangen Lager angehören. Da es seit 2005 verboten ist, dass Abgeordnete nebenbei unternehmerisch tätig sind, schicken viele Wirtschaftsgrößen stellvertretend ihre Vertrauten ins Parlament.

Dass es einem Großteil der ukrainischen Parlamentarier mehr um die Durchsetzung eigener wirtschaftlicher Interessen geht, als um die Geschicke des Landes, liegt auf der Hand. Auch die einstigen Hoffnungsträger der Orangen Revolution sind zu konstruktiven Problemlösungen unfähig. Zwar haben sich Viktor Juschtschenko und Julia Timoschenko angesichts der Wirtschaftskrise im Dezember 2008 wieder zusammengerauft und ihre Koalition mit Unterstützung des Blocks Lytwyn fortgesetzt. Dies ist aber nur als vorübergehender „Waffenstillstand" zu werten.

Anti-NATO-Demonstration im Parlament, Foto: picture-alliance/dpa

Die krisenerfahrene Bevölkerung dagegen ist innerlich auf das Schlimmste vorbereitet. Die Ukrainer verfolgen den Politzirkus im Parlament, wo Meinungsverschiedenheiten nicht selten durch Prügeleien und Sitzblockaden ausgetragen werden, lediglich wegen seines Unterhaltungswertes.

Die Potjomkinschen Dörfer

Mit dem ehemaligen Jekaterinoslaw ist die bekannte Redensart, die das Vortäuschen falscher Tatsachen meint, verbunden. Sie hat ihren Ursprung in der dreimonatigen Reise Katharinas der Großen, auf der sie im Mai 1787 den Grundstein der Kathedrale in Jekaterinoslaw legte. Es war das 25. Jubiläum ihrer Thronbesteigung. Auf dieser Reise, die in Kiew begann und auf der Krim endete, wollte sich die Zarin persönlich vom Stand der Dinge in den neurussischen Gebieten und der Arbeit ihres Generalgouverneurs **Fürst Potjomkin** überzeugen.

Ende April, nachdem das Eis auf dem Dnjepr geschmolzen war, ruderte die Flotte von Kiew aus los. Sie bestand aus sieben mit Gold, Girlanden und Blumen geschmückten Galeeren im römischen Stil, die Potjomkin für diesen Anlass hatte anfertigen lassen. Der Hofstaat, die Bediensteten und der Proviant folgten in 80 kleineren Schiffen mit 3 000 Mann Besatzung. Auf diese Reise hatte Katharina eine Reihe hochkarätiger ausländischer Diplomaten und Landesherrscher eingeladen, darunter den polnischen **König Stanislaus**, den französischen Botschafter **Graf de Ségur** und den österreichischen **Kaiser Josef II**. Mit diesem traf sie sich, wie oben beschrieben, zur Grundsteinlegung der Kathedrale in Jekaterinoslaw.

Graf de Ségur schrieb über diese Reise folgende Zeilen in sein Tagebuch: „Der immer und in allem außergewöhnliche Potjomkin kommt hier so tatkräftig und rege vor, wie faul in St. Petersburg. Es ist, als ob er verstünde, durch Zauber alle möglichen Hindernisse zu überwinden, Mängel zu vertuschen ... An den Ufern standen Haufen von Menschen, die von allen Seiten kamen und gingen, sie wollten den feierlichen Zug der Kaiserin sehen ... Städte, Dörfer, Gutshöfe, manchmal auch einfache Hütten waren derart mit Blumen, bemalten Dekorationen und Triumphbögen geschmückt, dass ihr Aussehen das Auge täuschte, und

Fürst Potjomkin

schienen wundervolle, durch Zauberei geschaffene Städte zu sein ... Indem er die Kaiserin mit solchen Wundern umgab, als sie durch die Ländereien, die erst vor kurzem mit Waffen untergekriegt wurden, vorbeifuhr, hoffte Potjomkin, ihren Ehrgeiz zu erregen und ihr den Wunsch und den Mut einzuflößen, sich zu neuen Eroberungen zu entschließen."

Vielleicht waren es diese Eindrücke, die den sächsischen Gesandten und Widersacher Potjomkins veranlassten, am Hof in St. Petersburg zu verbreiten, Potjomkin habe Pappdörfer und Attrappen aufgebaut und die immer wieder gleichen, gutgekleideten Bauern und Viehherden von einem Ort zum anderen gebracht. So war die Legende von den Potjomkinschen Dörfern aus Neid geboren.

Streckeninfo: Dnjepropetrowsk – Saporoshje

Kosaken tragen ihre Boote über Land.

Zwischen Dnjepropetrowsk und Saporoshje lagen 10 berüchtigte Stromschnellen, die eine Navigation auf dem Djnepr fast unmöglich machten. Mächtige Granitwälle zwängten hier den Fluss ein, und das Wasser schoss in mehreren Stufen über die bis zu 7 m hohen Schnellen. Dazwischen ragten gefährliche Klippen aus dem Wasser hervor. Stromabwärts mussten die Boote an Seilen gehalten und von Lotsen mit Stangen dirigiert werden. Stromaufwärts wurden die Boote entladen und mit den Waren übers Land getragen. Mit dem Bau des Staudamms und der Schleuse von Saporoshje verschwanden die Stromschnellen, und der Dnjepr wurde auf seinem ganzen Lauf durch die Ukraine schiffbar.

Die Schleuse nördlich von Saporoshje erreichen Sie nach 4 Stunden Fahrt. Sie wurde in den 1970er Jahren des 20. Jh. gebaut und ist mit 300 m Länge und 18 m Breite die größte auf dem Dnjepr. Sie gleicht 36 m Höhenunterschied aus. Das Schleusen dauert nur 15 Minuten – im Unterschied zu der alten Anlage, wo das Schleusen 45 Minuten dauerte.

Saporoshje

Einwohnerzahl: 785 000

Saporoshje erstreckt sich knapp 30 km über beide Ufer des Dnjepr. Auf Erlass Katharinas der Großen wurde 1770 die **Dnjepr-Befestigungslinie** gebaut. Sie setzte sich aus sieben Festungen zusammen, die eine Verteidigungslinie zwischen der Dnjepr-Insel **Chortiza** und dem **Asowschen Meer** gegen das Osmanische Reich bildeten. Die Festung am Dnjepr erhielt den Namen Alexandrowskaja. Daraus entstand 1806 die Stadt **Alexandrowsk**, die 1921 in Saporoshje umbenannt wurde.

Das Wasserkraftwerk

Nach dem Sieg der Oktoberrevolution legte Lenin 1920 mit dem GOELRO-Plan konkrete Vorstellungen zur **Elektrifizierung** des rückständigen Landes vor. Seine eingängige Parole lautete: „Kommunismus ist die Sowjetmacht plus Elektrifizierung des ganzen Landes".

Zwischen Vorstellung der Idee und Realisierung des Dnjepr-Kraftwerks vergingen noch einige Jahre der Planung, mit der namhafte Architekten beauftragt wurden. Diese machten sich daran, in der Stadt gemäß ihrer zukünftigen Bedeutung die entsprechende Infrastruktur zu schaffen.

Das Wasserkraftwerk

Um das **Analphabetentum** von 40 Prozent zu bekämpfen, entstanden zwischen 1920 und 1921 zahlreiche Schulen, Kultur- und Ausbildungsstätten. Die Stadt wuchs mit rasanter Geschwindigkeit. Die Häuser – insbesondere in der Umgebung des Staudamms – fielen mit drei bis fünf Stockwerken bewusst niedrig aus, damit sie diesen auf keinen Fall überragten.

Am 8. November 1927, dem zehnten Jahrestag der Revolution (nach dem alten russischen Kalender), wurde in einem feierlichen Akt der erste Beton in das Fundament des Baus gegossen. Tausende von Freiwilligen kamen aus dem ganzen Land, um den Traum von der Elektrifizierung zu verwirklichen. Sie kampierten in Zelten und Holzbaracken, schleppten in Schubkarren Steine und Erde fort, stampften den Beton mit bloßen Füßen unter den erstaunten Blicken ausländischer Berater. Ein Modell dieser Jahrhundertaktion ist im Heimatkundemuseum auf der Insel Chortiza zu sehen. Am 1. Mai 1932 speiste das erste Aggregat des damals größten Kraftwerkes Europas seine ca. 62 000 Kilowattstunden ins Netz. Die billige Energie gab Impulse zur schnellen industriellen und landwirtschaftlichen Entwicklung. In Saporoshje entstand ein riesiges **Industriekombinat**, das Eisen, Stahl, Aluminium, Ferrolegierungen, Magnesium, Koks und Baustoffe erzeugte. Es entwickelten sich auch der Maschinenbau und die Chemische Industrie. Saporoshje wurde zum Symbol für den sozialistischen Aufbau in der Sowjetunion. Bei den **Weltausstellungen** in Paris 1938 und in New York 1939 war Saporoshje als Repräsentant der jungen, sowjetischen Städte vertreten.

Nach dem Zweiten Weltkrieg

Das strategisch wichtige Saporoshje war wie alle Groß- und Industriestädte der Ukraine während des Zweiten Weltkrieges von deutschen Truppen besetzt. Der Staudamm blieb verschont, weil sowjetische Partisanen die Sprengung in letzter Sekunde verhindern konnten.
1947 lieferte das Kraftwerk wieder Strom. Die Kapazität wurde innerhalb der nächsten 3 Jahre mehr als verzehnfacht und konnte 1973 und 1977 durch weitere Ausbaustufen gesteigert werden. Heute beträgt sie 1 500 Megawatt. Saporoshje entwickelte sich zu einem der größten Stahlproduzenten der Sowjetunion.

Ab 1960 wurde hier der im ganzen Ostblock gleichermaßen beliebte und belächelte Kleinstwagen **Saporoshjez** hergestellt. Mitte der 80er Jahre liefen 2 Millionen Stück im Jahr vom Band. Daraus entstand Ende der 1990er Jahre ein Joint Venture mit dem Koreanischen Produzenten **DAEWOO**, das sich zum heute größten Automobilwerk der Ukraine **SAS** entwickelte. Bis Dezember 2008 wurden hier die einheimischen Marken „Tawrija" und „Slawuta" produziert und ausländische Marken wie Lada, Chevrolet, Opel und Mercedes der S-Klasse montiert. Angesichts der Finanz- und Wirtschaftskrise musste das Werk seine Produktion komplett einstellen. Wie schnell das Unternehmen, das auf staatliche Unterstützung hofft, wieder auf die Beine kommt, bleibt abzuwarten.

Die Stadt verfügt über eine Universität, drei Institute, 13 technische Fachschulen, zwei medizinische, zwei pädagogische, eine Musikhochschule sowie 30 Forschungsinstitute. Es gibt etwa 400 Bibliotheken, mehrere Theater, Konzertsäle und einen Zirkus, über 30 Parks und öffentliche Anlagen.

Stadtbesichtigung zu Fuß

Das Schiff legt am linken Dnjepr-Ufer an der Uferstraße **Nabereshna Magistral** an und nicht am eigentlichen Flusshafen, der ein gutes Stück weiter südlich liegt. Sollten Sie mit einem Taxi unterwegs sein, merken Sie

oben: **Die Schleuse von Saporoshje**
Foto: Bildpixel/pixelio.de
unten: **In der Schleuse von Saporoshje**

oben: **Kosaken-Reiterspiele auf Chortiza**
unten: **Einfahrt in den Hafen von Cherson**

Foto: Bildpixel/pixelio.de

oben: Im Dnjepr-Delta
unten links: Begrüßung
unten rechts: Zu Gast bei Fischern

oben: Der Passagierhafen von Odessa
unten: Die Hafenanlage

sich diesen Unterschied unbedingt. Zu beiden Seiten der Anlegestelle, die von Kindern gern als Sprungbrett benutzt wird, erstreckt sich ein kilometerlanger Sandstrand. Das Wasser des Dnjepr ist hier relativ sauber, so dass ein Bad sehr erfrischend sein kann. Am Ufer befinden sich einige Cafés.

Für den Fußweg zum Stadtzentrum und zurück müssen Sie 2 Stunden einplanen. Über die Uferstraße führt eine **Fußgängerbrücke** auf den schattigen **Boulevard Schewtschenko** in Richtung Zentrum. (Wenn Sie sich den Fußweg sparen wollen, können Sie auch Bus Nr. 85 von hier aus nehmen). An der ersten Straßenkreuzung fällt ein **Fliegerdenkmal** auf, das den Verteidigern Saporoshjes während des Zweiten Weltkrieges gewidmet ist. Auf einem Granitsockel ist ein einmotoriges Flugzeug der sowjetischen Luftwaffe angebracht, die Namen der Gefallenen sind in Steintafeln graviert.

Wenn Sie den Boulevard Schewtschenko weiter geradeaus gehen, erreichen Sie an der nächsten Kreuzung den **Prospekt Lenina**, die Hauptstraße, die sich etwa 12 km ab dem Hauptbahnhof quer durch die Stadt zieht. Rechterhand liegt das Gebäude des „Kulturpalastes". Geradeaus sehen Sie ein beigefarbenes Gebäude mit Säulenkollonaden, in dem der Stadtrat untergebracht ist.
Das Stadtzentrum erreichen Sie nach etwa 15 weiteren Minuten, wenn Sie dem Prospekt Lenina nach rechts folgen. Ein paar Blocks weiter liegt auf der rechten Straßenseite das **Kaufhaus**, das auf zwei Etagen seine Waren anbietet. Ansonsten gibt es hier Geldwechselstellen, Geschäfte und Cafés. Auf dem Platz gegenüber befindet sich ein kleiner Kunstmarkt.

Die Kosakeninsel Chortiza
Die Insel, die Wiege des ukrainischen Kosakentums, liegt südlich des Staudamms im Zentrum von Saporoshje. Sie ist mit einer Länge von 12 km und einer Breite von bis zu 2,5 km die größte Insel im Dnjepr.

Anhand von Ausgrabungen hat man festgestellt, dass die Insel bereits 6000 v. Chr. besiedelt war. Hier haben einst die noch heidnischen Slawen ihrem **Gott Chors** Opfer dargebracht. Wahrscheinlich stammt daher der Name der Insel. Sie ist ein einzigartiges **Naturdenkmal** mit über 950 Pflanzenarten und zahlreichen, wildlebenden Tierarten. Seit 1965 steht die Insel unter Naturschutz. Hier findet man ursprüngliche Steppenlandschaft, Mischwald, Hügel und Felsen. In den Buchten am Ufer wächst bis zu 4 m hohes Schilf. Im Norden der Insel steht eine riesige, etwa 700 Jahre alte Eiche, unter der Kosakenführer **Chmelnizkij** seine Gefolgsmänner 1648 zusammenrief, um gegen die polnischen Magnaten in den Aufstand zu treten.

oben: **Chortiza aus dem All** (Satellitenbild der NASA)
unten: **Kosaken-Hetman „Oleg" auf Chortiza**

Das Leben in der Saporoshjer Setsch

Die Bezeichnung „Setsch" ist von dem russischen Wort „sasseka", einem Verhau aus Balken, abgeleitet. Auf der höchsten Stelle der Insel, die von Türmen aus bewacht wurde, warfen die Kosaken Erdwälle auf, in die sie Palisaden aus Eichenstämmen rammten. In dieser Verteidigungslinie gab es Luken für Kanonen und Schießscharten.

Auf der Insel Chortiza befand sich die dauerhafteste und stärkste Kosakengemeinschaft mit etwa 3 000 Mann ständiger Besatzung. Alle anderen Kosakengemeinschaften in der Umgebung waren Waffenbrüder der Setsch, so dass in Notfällen kurzfristig bis zu 40 000 Mann zusammengetrommelt werden konnten.

Im Zentrum dieses Areals befand sich der **Maidan**, der wichtigste Platz im Leben der Kosaken. Hier trat die **Rada**, der Kreis zusammen, in dem der **Hetman** als oberster Befehlshaber und Richter, die **Jessauls** (die Hauptmänner) sowie andere Würdenträger von der Kosakengemeinschaft frei gewählt oder abgewählt wurden. **Frauen** waren in der Saporoshjer Setsch nicht geduldet. Diese mussten in den Ansiedlungen außerhalb zurückbleiben.

Der Kampfgeist der Männer wurde in dem Maße beflügelt, wie die Beuteaussichten wuchsen. Die militärische Schlagkraft der Kosaken bekamen insbesondere die **Türken** zu spüren. Jeden Sommer brachen die Kosaken in niedrigen, bewaffneten Booten, den **Tschaikas** (Möwen) über den Dnjepr und das Schwarze Meer zu Beutezügen an die türkische Küste auf. Eine solche

Kosaken überfallen Konstantinopel

Tschaika können Sie auf der Kosakeninsel sehen. In türkischen Gewässern überfielen die Kosaken Handelsschiffe und plünderten die Küstenstädte. Zu ihrer Beute gehörten auch türkische Gefangene, für die sie Lösegeld forderten. Im Gegenzug wurden die Saporoshjer Kosaken immer wieder von umherstreifenden türkischen und tatarischen Truppen angegriffen.

Nach erfolgreichen Beutezügen waren ausufernde Trinkgelage mit anschließenden Raufereien an der Tagesordnung. In seinem Roman „Taras Bulba", der auf Chortiza spielt, gibt **Nikolaj Gogol** eine treffende Beschreibung der inneren Zustände einer Setsch. Zur Legende geworden ist ein Schmähbrief an den türkischen Sultan, den die Kosaken 1675 im Siegesrausch verfassten. Der Maler **Ilja Repin** (1844–1930) hat diese Szene 200 Jahre später festgehalten.

Die wilden Sitten der Kosaken, ihr Mut, Draufgängertum und Verwegenheit, erfreuen sich in der Ukraine traditionell großer Beliebtheit. In Volksliedern werden sie besungen, Wodkamarken tragen ihren Namen. An ihren Trinkgelagen nimmt sich die russische und ukrainische Männerwelt heute noch ein Beispiel.

In dem **Heimatkundemuseum** der Insel erfahren Sie mehr über die Geschichte der Kosaken und Saporoshjes. Es werden auch rasante **Reiterspiele** in einer nachgebauten Kosakenfestung geboten, so dass man sich ein Bild von dem Leben in der Setsch machen kann.

Saporoshjer Kosaken schreiben einen Brief an den Sultan. (Repin)

Auszüge aus dem Brief an Sultan Mehmed IV.

„Du türkischer Schaitan, Bruder und Genosse des verfluchten Teufels und des Leibhaftigen Luzifers Sekretär. ... Was der Teufel scheißt, das frisst du samt deinen Scharen, und schwerlich wird es dir glücken, Christensöhne in deine Gewalt zu bekommen. Dein Heer fürchten wir nicht, werden zu Wasser und zu Lande uns mit dir schlagen, du Babylonischer Küchenchef, du Mazedonischer Radmacher, Alexandrinischer Ziegenmetzger, Jerusalemitischer Bierbrauer, Erzsauhalter des großen und kleinen Ägyptens, du Armenisches Schwein, du tatarischer Geißbock, du Henker von Kamanetz und Taschendieb von Podolsk, du Enkel des leibhaftigen Satans und Narr der ganzen Welt und Unterwelt, dazu Gottes Dummkopf! ...

Der Lager-Ataman Iwan Syrko mitsamt dem ganzen Lager der Saporosher Kosaken."

Streckeninfo: Saporoshje – Cherson

Vor Ihnen liegen bis zum nächsten Halt des Schiffes bei der Schleuse von **Nowaja Kachowka** 210 km und etwa 10 Stunden Fahrt. Sie befahren jetzt den 2 155 km² großen **Stausee von Kachowka**, den zweitgrößten im Dnjepr. Von hier aus versorgt ein Kanal die Krim mit Wasser, ein weiterer Kanal stellt eine Verbindung zum Industriegebiet Kriwoj Rog her. Nach gut 3 Stunden Fahrt taucht am rechten Ufer die Stadt **Marganez** auf. Sie trägt ihren Namen nach den Manganerzen, die hier abgebaut werden. Die Stadt wurde 1938 errichtet und hat 45 000 Einwohner. Etwa 10 km vor der Schleuse liegt am linken Ufer die 1783 gegründete Stadt **Kachowka**.

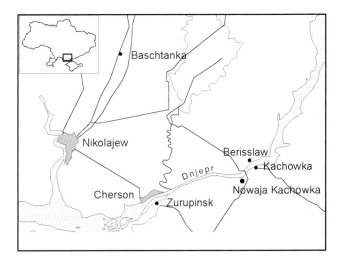

1920 schlug die Rote Armee in der Gegend eine Offensive der antirevolutionären Weißgardisten zurück. Bei **Kachowka** wurde 1952 der Bau eines Wasserkraftwerkes in Angriff genommen. In diesem Zusammenhang entstand die Stadt **Nowaja Kachowka** (50 000 Einwohner) weiter südlich auf dem linken Steilufer oberhalb des Stausees. 1955 begann man mit der Stauung des Dnjeprs und dem Bau der 16 m hohen Schleuse. Nowaja Kachowka macht aufgrund der weißen Kalksteinhäuser an breiten Akazienalleen einen hellen, freundlichen Eindruck. Bis zum Anlegen in Cherson bleiben noch 62 km und etwa 3 Stunden Fahrt. Der Dnjepr fließt ab hier bis zu seiner Mündung in seinem natürlichen Flussbett. Die Strecke ist daher die landschaftlich schönste der ganzen Kreuzfahrt.

Cherson

Einwohnerzahl: 309 000

Der Name der Gebietshauptstadt Cherson stammt aus dem Griechischen und bedeutet „Halbinsel". Er bezieht sich auf die griechische Kolonie „Chersones", die im 5. Jh. v. Chr. auf dem Gebiet des heutigen Sewastopols errichtet wurde. Es kursiert auch die durchaus schlüssige Version, dass Katharina die Große die Stadt an der Dnjepr-Mündung eigentlich auf den Namen Sewastopol und die Stadt auf der Krim auf den Namen Cherson taufen lassen wollte. Im Übereifer habe der mit der Überbringung beauftragte Bote die Schriftrollen aber vertauscht und Katharina die jeweils anderen Namen akzeptiert.

In den Steppen der nördlichen Schwarzmeerküste siedelten vom 8. bis zum 2. Jh. v. Chr. die **Skythen**, bis sie von den Sarmaten vertrieben wurden. Zahlreiche Hügelgräber, die **Kurgane**, zeugen heute noch von dem Reich der Skythen und ihren unermesslichen Goldschätzen. Im 15. Jh. gelang es dann dem Osmanischen Reich, das Gebiet zu erobern.

Zur Zeit des Russisch-Türkischen Krieges von 1768–1774 befand sich an der Stelle des heutigen Cherson die Befestigungsanlage **Alexanderschanze**. 1778 wurde mit dem Ausbau der Befestigungsanlage und der Stadt unter der Leitung von **Fürst Potjomkin** begonnen. Innerhalb von 4 Jahren entstanden eine Festung von 100 Hektar Fläche, eine Zitadelle, ein Hafen mit Docks und Werften, die Admiralität, eine geräumige Vorstadt für die Kaufleute und Baracken für 10 000 Soldaten. Das Dnjepr-Delta wurde durch das Anlegen neuer Kanäle für Handelsschiffe zugänglich gemacht.

Cherson entwickelte sich zum Zentrum des Baus von Kriegsschiffen für die Schwarzmeerflotte unter Admiral **Uschakow** und General **Suworow**.

Aufgrund der Lage Chersons oberhalb der Einmündung des Dnjeprs in den Liman des Schwarzen Meeres besitzt die Stadt den bedeutendsten **Fluss-** und **Seehafen** der Region. Hochseeschiffe werden hier entladen und ihre Fracht über den Dnjepr ins Zielgebiet gebracht. Cherson hat auch einen Namen als Standort zahlreicher Schiffsreparaturwerften. Die neueste Errungenschaft des Kiewer Kreuzfahrtveranstalters **Chervona Ruta**, die „Prinzessa Dnipra", erblickte hier 2002/03 das Licht der Welt. Als ausrangiertes Schiff war sie unter altem Namen nach Cherson geschleppt und hier komplett renoviert worden. Seitdem kreuzt sie als erstes Schiff mit adliger Bezeichnung auf dem Dnjepr.

Außerdem werden in Cherson Öltanker und landwirtschaftliche Fahrzeuge gebaut, Erdöl raffiniert und elektrotechnische Geräte hergestellt, Gemüse, Obst, Fisch und Fleisch zu Konserven verarbeitet.

Stadtbesichtigung zu Fuß

Obwohl Cherson außer einigen Kirchen und Kathedralen nichts Spektakuläres zu bieten hat, lohnt sich ein kleiner Stadtbummel. Der Flusshafen, in dessen Hafengebäude sich ein kleiner Laden und ein Café befinden, liegt am rechten Dnjepr-Ufer. Gehen Sie von hier aus über den kleinen Platz nach links in die **Wuliza Komunariw**. Nach vier Häuserblocks kreuzt die **Wuliza Lenina**, in der sich rechts in Haus Nr. 9 das Heimatmuseum und in Haus Nr. 34 gegenüber das Kunstmuseum befinden.

Parallel zur Leninstraße erstreckt sich ein Häuserblock weiter auf der **Wuliza Suworowa** die Fußgängerzone mit zahlreichen Geschäften und Straßencafés. Am anderen Ende treffen Sie auf den **Prospekt Uschakowa**, die Hauptstraße. Sie zieht sich, wie in allen ehemaligen Gouvernementshauptstädten, zwischen Bahnhof und Dnjeprufer quer durch die Stadt. Auf dem Prospekt Uschakowa befindet sich auch das **Kaufhaus**. Gegenüber liegt eine kleine Parkanlage.

Links der Parkanlage führt die Perekopska-Wuliza zur **Katharinen-Kathedrale**, die 1784 geweiht wurde. Hier befindet sich das **Grab Fürst Potjomkins**.

Die Fischerinseln

Flussabwärts von Cherson bildet der Dnjepr ein breites Delta aus drei Haupt- und unzähligen Nebenarmen. Dieses Meer aus Schilf ist ein Paradies für zahlreiche Vogel- und Fischarten. Die reichen Vorkommen haben Fischer vieler Generationen hierher gelockt. Sie sollten sich auf keinen Fall den Ausflug zu einer der etwa 300 Inseln, die hier im Dnjepr-Delta liegen, entgehen lassen. Zu diesem Zweck steigen Sie auf Kutter um, die Sie durch eine phantastische Schilflandschaft zu einer Fischerinsel bringen.
Dort werden Sie von den Bewohnern und ihren zahlreichen Kindern mit Blumen und Früchten empfangen. Souvenirstände bieten eine große Auswahl an bestickten und gehäkelten Tüchern, Tischdecken und Blusen. Es gibt Holzfiguren, wie die beliebten „Matrjoschkas", kunstvoll angefertigte Halsketten aus Glasperlen, Bilder, Pelzmützen u. a. Anschließend lädt man Sie auf die Grundstücke ein, wo ein reich gedeckter Tisch mit ukrainischen Spezialitäten, hausgemachtem Wein und selbstgebranntem Schnaps auf Sie wartet.

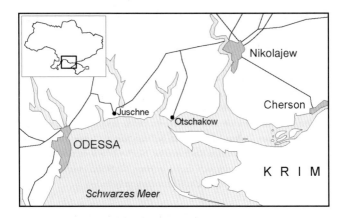

Die Parzellen sind den Familien zu Sowjetzeiten zugeteilt worden und die Häuser im Rahmen der Privatisierung in den Besitz ihrer Bewohner übergegangen. Die meisten kommen aus Cherson und nutzen ihre Datschen, um durch den Anbau von Obst und Gemüse sowie Fischfang ihr Einkommen aufzubessern. Wer es sich leisten kann, verbringt einfach nur die Freizeit hier oder investiert in den Ausbau des Hauses. Die bewohnten Inseln sind elektrifiziert und werden regelmäßig von Linienschiffen angelaufen.

In der Ukraine leben – wie in vielen Staaten der GUS – oft mehrere Generationen unter einem Dach zusammen. Meist kümmern sich die Großeltern um die Datschen. Manche bleiben auch im Winter auf den Inseln. Von Juni bis September verbringen die Schulkinder ihre Sommerferien hier.

Streckeninformation: Cherson – Schwarzes Meer

Bis zur Mündung des Dnjeprs in den **Liman** bleiben noch etwa 1,5 Stunden Fahrt durch das malerische Delta. Das türkische Wort „Liman" bedeutet in der Übersetzung „Hafen".

Der Liman erstreckt sich über 55 km, ist zwischen 7 und 16 km breit und etwa 5 m tief. Hier mischt sich das Dnjepr-Wasser mit dem Salzwasser des Schwarzen Meeres zu einer trüben Brühe. Im Winter friert die Bucht zu. Nach etwa 30 km geht rechts eine weitere Bucht ab, in die der **Südliche Bug** mündet. Flussaufwärts liegt die 1789 gegründete Stadt **Nikolajew** (ukrainisch: Mikolaiw) mit etwa einer halben Million Einwohnern. Das Schiffsbauzentrum verfügt wie Cherson über einen Fluss- und Seehafen.

Die letzte Stadt am Liman ist der Klimakurort **Otschakow**, eine ehemalige türkische Festung. Sie wurde während des zweiten Russisch-Türkischen

Krieges 1788 von russischen Truppen unter Feldmarschall Potjomkin eingenommen.

Kurz bevor Sie den Liman verlassen, fällt auf der linken Seite die **Insel Pjerwomaiskij** (russ. Erster Mai) auf. Diese künstlich angelegte Insel wurde nach 25 Jahren Bauzeit 1895 fertiggestellt. Sie ist 700 m lang und 140 m breit und ergänzt die Landzunge der Halbinsel Kinburn als Seefestung. Initiator des Baus war der russische General **Alexander Suworow**, der im Russisch-Türkischen Krieg von 1768–1774 die Notwendigkeit erkannte, von einer Insel aus türkische Angriffe auf die Städte Cherson, Nikolajew und Otschakow abzuwehren.

Ab 1961 war auf der Insel eine Kampfschwimmer-Einheit der Schwarzmeerflotte stationiert. Als diese während des Putsches gegen den damaligen Präsidenten der Sowjetunion **Gorbatschow** im August 1991 den Befehl erhielten, Gorbatschow in seiner Datscha auf der Krim zu überwachen, verweigerten sie diesen Befehl. Nach der Auflösung der Sowjetunion legten die ukrainischen Soldaten auf der Insel als erste Militäreinheit den Treueschwur auf die unabhängige Ukraine ab. 2004 wurde die Einheit auf das Festland verlegt und die Insel zum Verkauf ausgeschrieben.

Eine lange, schmale Landzunge, die das Schiff in weitem Bogen umfährt, trennt den Liman noch vom offenen Meer. Von hier bis Odessa sind es nur noch 60 km. Auf dem Weg dorthin werden Sie gelegentlich **Förderplattformen** bemerken, die mit der Erschließung von **Erdöl und Erdgas** begonnen haben. In den ufernahen Gebieten des Schwarzen Meeres befinden sich reiche Erdöl- und Erdgasvorkommen, deren Gewinnung der Ukraine eine gewisse Unabhängigkeit im Energiesektor bescheren könnte.

Rumänien und die Türkei haben bereits mit der texanischen Erdölgesellschaft Exxon entsprechende Verträge unterzeichnet. Mit amerikanischem „know how" sollen kommerzielle Mengen der begehrten Energieträger an die Erdoberfläche befördert werden. Premierministerin Timoschenko dagegen hat der Gesellschaft die Gewinnungsrechte wegen mutmaßlichen Korruptionsverdachtes wieder entzogen. (Umfragen zufolge sehen 55 % der ukrainischen Manager in Bestechung eine Verbesserung der Perspektive ihres Unternehmens).

Das Schwarze Meer

Das Schwarze Meer hat eine Fläche von 422 000 km^2. Die maximale Länge von West nach Ost beträgt 1 130 km, von Nord nach Süd 611 km.

Im Südwesten ist das Schwarze Meer über den Bosporus mit dem **Mittelmeer** verbunden und im Nordosten über die Straße von Kertsch mit dem **Asowschen Meer**.

An seiner tiefsten Stelle nahe der türkischen Küste misst es 2 245 m und gehört mit einer Durchschnittstiefe von 1 271 m zu den tiefsten Binnenmeeren der Erde. (Zum Vergleich: die Ostsee ist durchschnittlich 55 m tief, das Asowsche Meer nur etwa 9 m). Bei Odessa und im Nordwesten der Krim ist das Schwarze Meer bis auf 250 km Entfernung von der Küste mit nur 100–140 m am seichtesten. Der Salzgehalt des Schwarzen Meeres ist mit 14–18 g pro Liter relativ gering. Die Nordsee bringt es auf 26–32 g.

Das Schwarze Meer besteht aus mehreren Schichten, zwischen denen so gut wie kein Wasseraustausch stattfindet. In seinen tieferen Regionen ab 200 m wird es extrem schwefelhaltig. In größerer Tiefe ist es weitgehend sauerstofffrei. Deshalb konnten sich hier organische Substanzen und subfossile Elemente als dunkle bis schwarze Faulschlämme anreichern. In diesen Schichten überleben nur einige Bakterienarten und Mikroben.

Aufgrund dieser Besonderheit ist das Schwarze Meer nur zu 13 Prozent „bewohnt". Bis zu einer Tiefe von 100 m kommen lediglich 180 Fischarten von den 25 000 vor, die es insgesamt in den Weltmeeren gibt. Darunter sind Sardellen, Heringe, Makrelen, Meeräschen, Thunfische, Flundern, Rotbarsche, Schellfische und Störe. Auch der Delphin ist mit drei Arten vertreten.

Das Schwarze Meer erhielt seine verschiedenen Namen in der Geschichte stets aus der Sicht seiner Betrachter: Die Ureinwohner der Krim, die **Taurier**, nannten das Meer **Temarinda**, was etwa „Schwarzer Strudel" bedeutet. Denn im Herbst und Winter toben oft schwere Stürme aus Nordost über dem dunkel brodelnden Meer. Die Taurier nutzten diese Chance, um gestrandete Schiffe an Land zu ziehen und zu plündern.

Als die alten Griechen ab dem 8. Jh. v. Chr. in diese Gewässer vordrangen, trafen sie auf Piraten und ihnen feindlich gesonnene Anwohner. Deshalb gaben sie dem Meer zunächst den Namen **Pontos Axenos** „Ungastliches Meer". Doch nachdem es ihnen 200 Jahre später gelungen war, an den Küsten ihre Kolonien anzulegen, nannten sie es in **Pontos Euxenos** „gastfreundlich" um.

Die Fürsten der Kiewer Rus begannen etwa ab dem 10. Jh., Handel mit Byzanz zu betreiben. Ab da tauchte in den Seekarten die Bezeichnung **Russisches Meer** auf. Erst die türkischen Eroberer der nördlichen Küste gaben dem Meer, das insgesamt dunkler erscheint als das Mittelmeer, im 15. Jh. mit **Karadeniz** seinen heutigen Namen.

Odessa

Einwohnerzahl: 1 020 000

Odessa erstreckt sich kilometerlang über eine Bucht am Schwarzen Meer. Aufgrund des milden Klimas ist die Stadt ein beliebter Kur- und Urlaubsort.

Geschiche:

Im zweiten Russisch-Türkischen Krieg eroberten russische Truppen 1789 die hier gelegene türkische Siedlung **Chadschibey** mit der Festung **Yeni-Dünya** (Neue Welt). Im Mai 1794 erteilte Katharina die Große den Befehl, an der Stelle der türkischen Siedlung einen Hafen anzulegen. Damit wurde am 2. September 1794 begonnen. Dieses Datum gilt als Gründungsdatum Odessas. Vize-Admiral **De Ribas** überwachte den Bau der Stadt auf der Steilküste. Der Name geht auf die antike Siedlung „Odessos" zurück, die man hier vermutete. Später stellte sich heraus, dass sie auf bulgarischem Boden bei Warna lag.

In der schnell wachsenden Hafenstadt versuchten Russen, Ukrainer, Polen Griechen, Albaner, Italiener, Armenier, Rumänen und Juden, Abenteurer, Händler, Spekulanten und Schmuggler ihr Glück. 1814 lebten hier bereits 20 000 Menschen.

Herzog von Richelieu

Das bunte Völkergemisch Odessas lockte bevorzugt entflohene Leibeigene und politische Emigranten an, die hier unbehelligt untertauchen konnten. Einer von ihnen war der junge **Herzog von Richelieu**, der der Französischen Revolution und der Guillotine entronnen war. Er trat in die Dienste von **Alexander I**. und brachte es von 1803–1814 zum Gouverneur von Odessa.

Der progressiv denkende Richelieu entwickelte sich zum Patrioten, der seine weitgehenden Rechte dazu nutzte, in der Hafenstadt Sonderkonditionen zur Förderung des Han-

Bronzestatue Richelieus

dels durchzusetzen. Die Handelszölle wurden um drei Viertel gekürzt und ein Fünftel davon zur Stadtentwicklung verwendet. Nicht zuletzt dem französischen Herzog verdankt Odessa ihren westlichen Charakter. Die Stadt wurde von Anfang an großzügig und repräsentativ in Stein gebaut. Neben lokalen Baumeistern wie **F. Boffo** beteiligten sich auch namhafte Architekten aus St. Petersburg, wie z. B. **A. Melnikow**. Es entstanden ein griechisches, ein jüdisches, ein italienisches und ein türkisches Viertel. Die Straßennamen erinnern noch heute daran.

Als Odessa von 1819–1859 den Status einer **Freihandelszone** hatte, entwickelte sie sich nach St. Petersburg und Moskau zur bedeutendsten Stadt des Russischen Reiches mit dem größten Getreideexporthafen Europas. 1910 war Odessa mit über 500 000 Einwohnern die drittgrößte Stadt Russlands.

Das Baumaterial wurde aus dem hiesigen Kalksandstein gehauen. Dadurch entstanden im Laufe der Jahrzehnte **Katakomben**, ein Labyrinth von unterirdischen Gängen und Höhlen. Diese entwickelten sich zum beliebten Versteck für alle, die die Staatsmacht fürchten mussten. Neben Schmugglern und Kriminellen suchten hier auch Revolutionäre und Partisanen Unterschlupf.

Wiege der Revolution

Die freizügige, weltoffene und tolerante Stadt zog antizaristisch gesonnene Emigranten magisch an. Hier entstanden die ersten Geheimbünde gegen den Zaren. 1875 wurde in Odessa der revolutionäre „Südrussische Arbeiterbund" gegründet. Anfang des 19. Jh. gelangte die Exilzeitschrift „Iskra" über Odessa illegal nach Russland. Diese wurde unter Lenins Leitung in München gedruckt.

Als Höhepunkt der Revolution von 1905 brach Ende Juni spontan ein Aufstand auf dem in Sewastopol liegenden **Panzerkreuzer Potjomkin** aus. Nachdem Matrosen bestraft wurden, die sich geweigert hatten, verdorbenes Essen zu sich zu nehmen, töteten diese einige Offiziere und sperrten die anderen ein. Dann setzen sie die rote Fahne und nahmen Kurs auf Odessa, wo die Arbeiter gerade in den Generalstreik getreten waren. Der Zar schickte eine Schwadron von Kriegsschiffen nach Odessa, die den Befehl hatten, den Panzerkreuzer anzugreifen und zu versenken. Doch statt zu schießen, solidarisierten sich die Matrosen mit ihren revolutionären Kollegen auf der Potjomkin. Der Aufstand in Odessa wurde schließlich von zaristischen Truppen blutig beendet. Es folgten Repressalien, als deren Folge 80 000 der insgesamt 600 000 Einwohner aus Odessa flüchteten.

Der sowjetische Regisseur **Sergej Eisenstein** verarbeitete 1925 die dramatischen Ereignisse, die sich 1905 auf dem Panzerkreuzer und auf

ODESSA

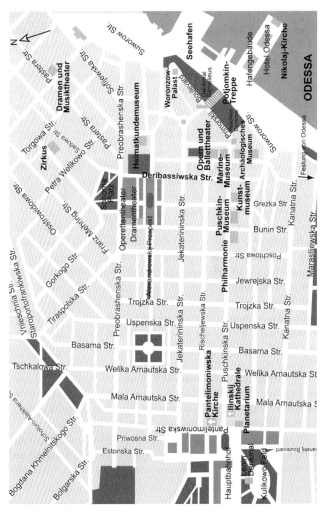

Odessa hst eine Fläche von 163 km² und 8 Stadtteile.

Partnerstadt im deutschsprachigen Raum ist Regensburg (seit 1990).

der Treppe abgespielt hatten, zu einem **Stummfilm**. Dieser erregte aufgrund seiner erschütternden Aussage und photografisch völlig neuartiger Szenen und Montagen internationales Aufsehen. Einzelne, ergreifende Szenen wurden in kurzen Schnitten hintereinander montiert: Schreiende Menschen, schießende Gewehre, schwere Soldatenstiefel, die über diese Treppe wuchten; ein losgelassener Kinderwagen, der hilflos die Stufen hinabstolpert.

Nach dem Zweiten Weltkrieg

Nach dem deutschen Angriff auf die Sowjetunion im Juni 1941 wurde Odessa ab dem 5. August 73 Tage lang von deutsch-rumänischen Truppen belagert. In dieser Zeit verschanzten sich Partisaneneinheiten in dem Katakombensystem und organisierten von hier aus den Widerstand. Im April 1944 war die Stadt befreit.

Ebenso wie Leningrad, Stalingrad und Sewastopol wurde Odessa als belagerter Stadt 1945 der Ehrentitel „Heldenstadt" verliehen. Das ganze Land stellte Mittel zum Wiederaufbau zur Verfügung, der 1955 abgeschlossen war. Zum Glück erlaubte die Bodenbeschaffenheit weder den Bau von riesigen Mietskasernen noch den von Hochhäusern im Stadtzentrum. Die Nachkriegsarchitekten mussten sich auf höchstens fünfstöckige Häuser beschränken, so dass Odessa trotz der großen Zerstörungen im Wesentlichen wieder so aufgebaut wurde, wie es die Architekten Boffo und Melnikow vorgesehen hatten.

Neue **Industriebetriebe** schossen bevorzugt am Stadtrand aus dem Boden. Odessa machte sich in der Nachkriegszeit einen Namen im Maschinen- und Werkzeugmaschinenbau sowie für Metallverarbeitung. Hier werden Hebekräne, Lastwagen, Landmaschinen, Stahltrosse, aber auch feinmechanische Erzeugnisse wie Film- und Fotoapparate gefertigt. Odessa war nach St. Petersburg der größte Fracht- und Passagierhafen der Sowjetunion. In den 1970er Jahren entstand ein zweiter Frachthafen zur Entlastung.

Der Hafen

Odessa verfügt über eine riesige Hafenanlage, die sich über mehrere Kilometer unterhalb des Stadtzentrums erstreckt. Mitten darin – zwischen Quarantänehafen und Industriehafen eingebettet – liegt der **Passagierhafen**. Hier fällt auf der Pier ein imposantes Hochhaus ins Auge, dessen Fensterfront blau in der Sonne glänzt. Es handelt sich um das 2001 erbaute **Hotel Odessa** der Kempinski-Kette, wo eine Übernachtung ab 100 Euro aufwärts kostet.

Direkt davor steht die 1994 errichtete postmoderne **Heilige-Nikolaj-Kirche**, die dem Schutzheiligen der Reisenden und Seeleute geweiht ist.

Der ungewöhnliche Standort wurde gewählt, um hohe Pachtgebühren am Ufer zu vermeiden. Hier liegen außerdem ein kleiner Jachthafen und Anlegestellen für Kutter. Diese führen Rundfahrten durch und bedienen die **Sandstrände** „Lansheron", „Otrada", „Delphin" und „Arkadija".

Von der unteren Hafenebene aus, wo Ihr Schiff festgemacht hat, gibt es eine Zubringerstraße auf die obere Ebene. Wenn Sie direkt neben dem Hafengebäude angelegt haben, benutzen Sie am besten die Treppe durch das Gebäude. Das Hafengebäude wurde in den 80er Jahren des 20. Jh. errichtet. Hier befinden sich **Telefonautomaten**, von denen aus Sie mit Hilfe der Karte der Firma „Utel" nach Deutschland telefonieren konnen. Es gibt Bücherstände, Geldwechselstellen etc. Auf dem großzügigen Platz davor fällt eine **Skulptur** in Form einer Weltkugel auf, aus der ein pummeliger Säugling wie aus einer Eierschale schlüpft. Dieses **Goldene Kind** wurde 1994 anlässlich der 200-Jahr-Feier Odessas aufgestellt. Von hier führt eine Brücke zu einem weiteren Gebäude, durch das Sie auf kürzestem Weg auf die stark befahrene Uferstaße gelangen. Sollte der Eingang am späten Abend verschlossen sein, können Sie auch über die Straße hinuntergehen.

Stadtrundgang in Odessa

Von der Uferstraße führt die zum Wahrzeichen der Stadt gewordene **Potjomkin-Treppe** über einen Steilhang zum Primorski-Boulevard. Dieser grandiose Paradeaufgang zur Stadt entstand zwischen 1837 und 1841 als „Richelieu-Treppe" nach der Idee der Architekten Melnikow und Boffo. Die Treppe führt direkt zur Bronzestatue des Gouverneurs. Zum Gedenken an die Meuterei auf dem **Panzerkreuzer Potjomkin** 1905 wurde sie zu Sowjetzeiten nach diesem umbenannt.

Die 137 m lange und 27 m hohe Treppe hat 192 Stufen, die sich zur Unterstützung der

Der Hafen von Odessa um 1850

perspektivischen Wirkung nach oben verengen. Unten ist sie 21,6 m breit, oben nur noch 12,5 m. Die Treppe ist nicht steil und außerdem in 10 Abteilungen unterteilt, zwischen denen sich Sockel befinden. Auf den steinernen Brüstungen haben Andenkenhändler ihre Ware ausgebreitet, Fotografen bieten ihre Dienste an.

Der Primorski Boulevard

Die Treppe endet im Zentrum des Primorski Boulevards, dem „Küstenboulevard". Dieser wurde ab 1820 einseitig bebaut und entwickelte sie sich zur Prunkstraße Odessas. Fast alle Gebäude hier entstanden nach Plänen der Architekten Boffo und Melnikow. Der Platz im Zentrum des Boulevards ist in einem breiten Halboval von einem Gebäudekomplex umrahmt, der zwischen 1826 und 1828 nach St. Peterburger Vorbild gebaut wurde. Die **Bronzestatue**, die Emmanuel Richelieu (1766–1822) in altrömischer Toga zeigt, wurde nach Fertigstellung des Gebäudeensembles als krönender Abschluss 1829 enthüllt. In dem Gebäude links ist das **Hotel Petersburg** untergebracht. Darin befindet sich ein Jazz-Café im Stil der 1920er Jahre mit dem klangvollen französischen Namen „Déja vue".

Die **Katerininska Wuliza** zwischen dem Gebäudekomplex führt geradeaus auf den gleichnamigen Platz. Hier stand früher eine Statue von Katharina der Großen. 1965 wurde auf dem Platz ein Monument enthüllt, das den aufständischen Matrosen auf dem Panzerkreuzer Potjomkin gewidmet ist.

Nicht weit vom Zentrum gelegen, ist der nur 500 m lange **Primorski Boulevard** mit seiner Parkanlage ein beliebter Treffpunkt für alle Alters- und Bevölkerungsgruppen. Man sieht junge Matrosen in Ausgehuniform, Kriegsveteranen, die ihre Orden zur Schau tragen, von fachkundigen Schaulustigen umringte Schachspieler, Jugendliche mit Gitarre, junge Paare, alte Frauen auf Bänken und jede Menge Hunde, die im Schatten vor sich hin dösen.

Wenn Sie dem Boulevard nach rechts folgen, treffen sie zunächst auf einen Platz, auf dem inmitten eines Rondells die Büste des Physikers Hluschko (20. Jh.) steht. Weiter geradeaus sehen Sie den **Woronzow-Palast**, der seinem Architekten Boffo den größten Ruhm eingebracht hat. Er wurde 1824–1827 als Residenz für Fürst Woronzow errichtet, der von 1823–1844 Generalgouverneur Südrusslands war. Das klassizistische Gebäude ist rundherum von einem Vordach umgeben, das von einer Säulenkollonade gestützt ist. Der Palast steht an der Stelle auf der Steilküste, wo sich einst die türkische Festung Yeni Dünya befand. Die Fassaden des denkmalgeschützten Baus wurden vor kurzem renoviert. Geplant ist auch, die einzelnen Säle und Salons wieder herzustellen. Zu dem Gebäudekomplex gehört auch die halbrunde, überdachte Säulenkollonade am äußersten Ende der Klippe, von der Sie eine gute Aussicht über die Hafenanlage haben.

oben: **Die berühmte Potjomkin-Treppe von Odessa**
unten: **Das Richelieu-Denkmal von Odessa**

oben: **Einkaufs-Passage in Odessa**
unten: **Die Festung Akkerman/Belgorod Dnjestrowskij**
Foto: Bildpixel/pixelio.de

oben: **Das Donau-Delta**
Quelle: picasa-google.com
unten: **Blick auf Nessebar**
Quelle: chem.uni-sofia.bg

oben: **Nessebar**
Foto: Kurt Michel / pixelio.de
unten: **Fischerboote**
Foto: Pandi / pixelio.de

Geheimtipp:
Gehen Sie jetzt weiter über die Fußgängerbrücke, die Sie in das „alte Odessa" bringt. Hier treffen Sie unerwartet auf einen kleinen Platz, eine Art Freilichtmuseum. In dem wunderschönen, geradezu „verwunschen" wirkenden Blumengarten sind auf verschiedenen Ebenen eine antike Skulptur, ein gusseisernes Fabeltier, eine kleine Bogenbrücke, ein Brunnen von 1873 u. a. zu sehen. In der Anlage stehen überall verteilt die Tische eines kleinen, preiswerten Cafés. Abends tritt hier ein Jazz-Ensemble auf, das die Bogenbrücke als Bühne nutzt. Wenn Sie Zeit finden, sollten Sie unbedingt einen Abstecher in diese originelle und romantische Ecke Odessas machen, die von Touristen selten entdeckt wird. Vom Schiff bis hierher benötigen Sie zu Fuß nicht länger als eine halbe Stunde.

Atlanten im „alten" Odessa

Wenn Sie weiter geradeaus gehen, stoßen Sie auf die **Wuliza Gogolja** und ein imposantes, weißes Bauwerk im maurischen Stil, das im Volksmund „Khanspalast" genannt wird. Das Gebäude wurde erst vor wenigen Jahren als Zentrale der Marine Transport Bank errichtet. Ein paar Meter weiter treffen Sie auf der linken Straßenseite auf ein herrliches Fotomotiv: zwei **Atlanten** stützen die Weltkugel und damit einen Balkon. Die Gogolstraße trägt ihren Namen nach dem berühmten russischen Dichter, der sich Mitte des 19. Jh. zweimal in Odessa aufhielt und den Häusern Nr. 15 und 11 wohnte. Eine Gedenktafel erinnert daran. In dieser ruhigen Seitenstraße stehen architektonisch interessante Häuser unterschiedlichster Baustile.

Die Straße endet nach 400 m auf der „Majakowskij-Gasse". Halten Sie sich ein bisschen nach links und gehen dann weiter geradeaus über die **Gawannaja Wuliza** (Hafenstraße). Auf der linken Straßenseite sehen Sie die schlichte **Römisch-Katholische Kirche** des Heiligen Peter. Etwas weiter befindet sich an der nächsten Straßenkreuzung ein originelles Restaurant im ukrainischen Nationalstil. Dann erreichen Sie auf Höhe des Stadtparks die Fußgängerzone Deribassiwska Wuliza (s. Seite 116). Zurück zum Schiff geht es die **Fußgängerzone** links hinunter; an der nächsten Kreuzung – der Katerininska Wuliza – wieder nach links, dann am Potjomkindenkmal rechts vorbei bis zur Potjomkin-Treppe. Der ganze Spaziergang dauert etwa 1,5 Stunden.

Puschkin-Denkmal und Dumagebäude

Der Duma-Platz

Wenn Sie den Primorski-Boulevard – mit der Potjomkin-Treppe im Rücken – nach links gehen, treffen sie auf den Duma-Platz. Auf dem Weg dorthin kommen Sie an dem **Hotel Londonskaja** vorbei, die ab 1899 erste Adresse der Stadt. Zu Sowjetzeiten wurde es in „Hotel Odessa" umbenannt, trägt jetzt aber wieder seinen Namen nach der britischen Hauptstadt. Das Gebäude wurde 1827 errichtet und mehrfach umgebaut. Kurz vor dem Dumaplatz fällt das in einen Springbrunnen integrierte **Denkmal Alexander Puschkins** auf, der sich 1823/24 im Rahmen einer Strafversetzung in Odessa aufhielt. Als respektloser Satireschreiber hatte der Dichter den Unmut **Alexanders I**. auf sich gezogen. Puschkin war so begeistert von Odessa, dass er später Alexanders Nachfolger **Nikolaj I**. seinen Dank für die Strafversetzung aussprach. In der Nähe steht eine **britische Kanone**, ein Beutestück aus dem Krimkrieg von 1854–55.

Das weiße, repräsentative Gebäude, das mit seinen zweireihigen korinthischen Säulen und Skulpturen an einen römischen Tempel erinnert, beherbergt heute das Stadtparlament, die **Duma**. Der Bau wurde 1829–1837 als Warenbörse errichtet. In einer der Nischen rechts sind **Merkur**, der Gott des Handels und der Reisenden, und links **Ceres**, die Göttin der Fruchtbarkeit und der Landwirtschaft, dargestellt. Auf dem Dach oberhalb der Säulen stützen sich zwei Frauenfiguren – der Tag und die Nacht – auf die Uhr und symbolisieren die Ewigkeit.

Das Archäologische Museum

Am Ende des Platzes, der an die Lansheroniwska-Straße grenzt, erhebt sich ein weiterer Prachtbau im Stil des russischen Klassizismus, das **Archäologische Museum** von 1883. In der Grünanlage vor dem Gebäude steht eine Kopie der **Laokoon-Statue**, die im 1. Jh. v. Chr. von griechischen Bildhauern geschaffen wurde. Das Original ist im Vatikanmuseum in Rom zu sehen. Gemäß der griechischen Mythologie winden sich Laokoon und seine Söhne im Todeskampf mit Schlangen.

Das Archäologische Museum widmet sich der Geschichte des nördlichen Schwarzmeergebietes seit der Altsteinzeit. Die Ausstellung umfasst

Werkzeuge, Töpferwaren, Waffen aus Kupfer und Bronze, Kunstwerke, Skulpturen, Schmuck und Schätze der Skythen, Griechen und Römer. Aber auch ägyptische Mumien sind hier ausgestellt. In dem rot gestrichenen Gebäude gegenüber befindet sich das **Marinemuseum**. Es wurde 1965 in den Räumen des ehemaligen „Englischen Clubs" von 1847 eröffnet. Das älteste Exponat ist ein 840 Jahre alter Anker, der aus dem Schwarzen Meer geborgen wurde. Zu sehen sind u. a. Schiffsmodelle von der Antike bis zur Neuzeit.

Die Laokoon-Statue

Das Opern- und Balletttheater

Wenn Sie jetzt die Lansheroniwska-Straße nach rechts hochgehen, gelangen Sie zum Opern- und Balletttheater. Nachdem das erste Stadttheater, das zuvor hier stand, einem Brand 1774 zum Opfer gefallen war, wurde der Bau eines neuen Theaters international ausgeschrieben. Der Entwurf der Wiener Architekten **Hellmer und Fellner** erhielt vom Stadtrat den Zuschlag. Das halbrunde Gebäude wurde zwischen 1884–87 nach dem Vorbild der Wiener Staatsoper im Renaissancestil mit Barockelementen errichtet. Die Fassade des zweistöckigen Gebäudes ist reich mit Säulen, Balkons, Loggien, Büsten und allegorischen Figuren geschmückt, die alle Zweige der Theaterkunst symbolisieren. Das Eingangsportal ist von Skulpturen flankiert, die Figuren aus einer Komödie von Aristophanes sowie einer Trägodie von Euripides darstellen. Auf dem Portico darüber ist in römischen Ziffern die Bauzeit des Theaters wiedergegeben. Darunter befindet sich die Inschrift: „Das Theater brannte"

Das Opern- und Balletttheater

– eine Erinnerung an den Brand von 1925. Links neben dem Eingangsportal liegt ein kleiner Park, der „Palais Royal" mit Springbrunnen. Nach den Plänen der Architekten sollte hier eigentlich ein Restaurant entstehen.
Die Innenräume des Theaters sind im späten Rokoko-Stil eingerichtet und die seitlichen Haupttreppen mit Bronzeleuchtern und Säulen ausge-

stattet. Der **Zuschauersaal**, in dem bis zu 1 560 Personen Platz finden, verfügt über fünf Ränge. Die Fläche der Bühne beträgt 500 m². Blickfang in der Mitte des Zuschauersaales ist ein riesiger Kristallleuchter mit einem Gewicht von 2 200 kg. Nachdem Mitte der 1990er Jahre für die Renovierung bestimmte Gelder in dunklen Kanälen verschwunden waren, zogen sich die dringend notwendigen Arbeiten aus Geldmangel über 10 Jahre hin. Schließlich gelang es, Geschäftsleute aus Odessa zu Spenden zu mobilisieren, so dass die Oper im September 2007 mit einem Galakonzert wieder eröffnet wurde.

Die Deribassiwska-Straße

Parallel zur Lansheroniwska-Straße links verläuft die **Flaniermeile** Odessas. Die Straße trägt ihren Namen zu Ehren des französischen Vize-Admirals und Begründers der Stadt **De Ribas**. Die einstige Hauptverkehrsstraße ist heute eine Fußgängerzone. In der Straße herrscht buntes Treiben. Unter Kastanienbäumen reiht sich ein Straßencafé an das andere, hier gibt es in westlichen Fastfood-Ketten Hamburger, Pizza und Hot-Dogs. Straßenmusikanten, darunter auch Rentner, die russische und ukrainische Volkslieder zum Akkordeon singen, hoffen auf eine kleine Gabe. Es gibt mondäne Modeateliers, Galerien, Buchläden u. a. Die repräsentativen Bauten aus dem 19. Jh. bestimmen das architektonische Gesicht der Straße. Gedenktafeln an den klassizistischen, neogotischen, barocken und Jugendstilfassaden der Häuser erinnern an ihre prominenten Bewohner. So lebte z. B. in Haus Nr. 17 der russische Maler **Wassilij Kandinskij**.

Kurz vor Ende der etwa 800 m langen Fußgängzone liegt rechts der **Stadtpark**, der gleich mit der Stadtgründung Ende des 18. Jh. von De Ribas initiiert wurde. Um 1900 kamen das Sommerhaus im Zentrum und der Springbrunnen davor hinzu. In dem kleinen Park hat sich ein **Kunstmarkt** etabliert, auf dem Gemälde, Schmuck, Keramik und Souvenirs angeboten werden.

Erwähnenswert ist noch die **Passage** schräg gegenüber. Das Gebäude wurde 1898/99 als Hotel „Passage" aus zwei Flügeln errichtet, die im rechten Winkel aufeinander treffen. Im Erdgeschoss befanden sich Geschäfte, oben die Gästezimmer. Das ist bis heute so geblieben. Die mit Glas überdachte Ladenstraße beginnt in einem reich mit Stuck und Skulpturen verzierten Gebäude der Deribassiwska-Straße 33 und endet in der Preobrashenska-Straße übers Eck.
Derselbe Architekt entwarf noch das Hotel **Nowaja Moskowskaja** in der Deribassiwska Straße. Im Unterschied zur Passage wurde die Fassade des 1910 gebauten Hotels im frühen Jugendstil mit dekorativen Obst- und Blütenornamenten, Frauenmasken etc. verziert. Es liegt ebenfalls dem Stadtpark gegenüber.

Entlang der Schwarzmeerküste nach Süden

Von Odessa aus sind auch Tagesausflüge in das Umland möglich. Eine Fahrt durch ehemalige Siedlungen der Bessarabien-Deutschen bringt sie in südwestlicher Richtung nach **Belgorod-Dnjestrowskij** mit der alten türkischen Festung **Akkerman**. Ein anderer Ausflug Richtung Nordosten führt nach Chisinau, der Hauptstadt der Republik Moldau.

Seit einigen Jahren laufen einige Dnjepr-Flussschiffe auch Bulgariens malerische Stadt **Nessebar** an, wobei Sie unterwegs die Gelegenheit haben, eine Bootsfahrt durch das **ukrainisch-rumänische Donaudelta** zu machen. Zur besseren Orientierung für Sie haben wir auch diese Ziele mit in diesen Reiseführer aufgenommen.

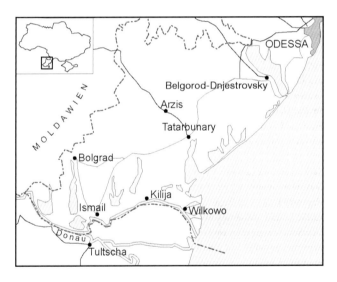

Das Donaudelta

Die Donau teilt sich nahe der rumänischen Stadt **Tulcea** in drei große Arme, die durch zahlreiche Kanäle untereinander verbunden sind. Der nördliche **Kilija-Arm** und der südliche **St. Georgs-Arm** umschließen eine einzigartige, in vielen Teilen noch unberührte Naturlandschaft von etwa 5 000 km².

Der 116 km lange Kilija-Arm trägt seinen Namen nach der gleichnamigen ukrainischen Stadt und bildet die natürliche Grenze zwischen Rumänien und der Ukraine. Die größte Stadt am ukrainischen Donaudelta ist das 80 km vom Schwarzen Meer entfernte **Ismail** mit knapp 80 000 Einwohnern. Ismail hat einen für Seeschiffe zugänglichen Hafen, da der Kilija-Arm regelmäßig ausgebaggert wird. Der mittlere, gerade verlaufende und 80 km lange **Sulina-Arm** ist ebenfalls schiffbar.

Das Donaudelta ist nach dem Wolgadelta das zweitgrößte und mit 15 000 Einwohnern das am dünnsten besiedelte Gebiet Europas. Die Menschen sind meist Nachfahren der **Lipowaner**, altgläubiger orthodoxer Christen, die Ende des 17. Jh. nach einer Kirchenreform aus Russland hierher geflohen waren. Sie leben vom Fischfang, der Schilfernte und vom Tourismus, indem sie Bootsausflüge durch das Delta anbieten.

Im Donaudelta

Das riesige zusammenhängende Schilfrohrgebiet, das zum größten Teil zu Rumänien gehört, besteht nur zu etwa 20 % aus festem Boden, 80 % sind Wasserfläche, Schilf und schwimmende Inseln. Um das unberührte Kerngebiet zu schützen, wurde ein Teil des einmaligen Feuchtgebietes in Rumänien zu einem **Biosphärenreservat**, das die UNESCO 1991 zum **Weltnaturerbe** deklariert hat.

Das Donaudelta ist ein Paradies für heimische und durchziehende Vogelarten, da es im Schnittpunkt der europäischen Vogelzugstraßen liegt. Es bietet über 300 Arten Brut-, Rast- und Nahrungsplätze und ist ideales Überwinterungsgebiet einiger seltener Wasservögel. Pelikane, Kormorane, Kraniche, Seeadler und viele andere Vögel fühlen sich in den Binnenseen, Lagunen, Kanälen und Sümpfen des Deltas ebenso zuhause wie die über 100 Fischarten, darunter der selten gewordene Stör.

Lassen Sie sich eine Fahrt durch das Mündungsgebiet der Donau mit seinen schwimmenden Schilfrohrinseln, Seen, Kanälen und Trockenbiotopen auf Dünen nicht entgehen.

Bessarabien

Bessarabien ist ein Sammelbegriff für historische Gebiete, die heute zum größten Teil zu **Moldawien**, sowie im Süden und Norden zur Ukraine gehören.
Die Bezeichnung Bessarabien geht auf den walachischen Donaufürsten **Basarab I.** zurück, der im 14. Jh. die Gegend um das Donaudelta eroberte und in sein südwestlich davon gelegenes Fürstentum **Walachei** eingliederte. Hier, an dem wichtigen Handelsweg nach Ungarn, entstanden schon im 12. Jh. unter genuesischer Herrschaft die Städte Kilija und das heutige Ismail.

Das Fürstentum Moldau (mit der heutigen moldawischen Hauptstadt Chisinau) schloss im Norden an und erstreckte sich östlich der **Karpaten**. Während die **Walachei** bereits Ende des 14. Jh. gegenüber dem türkischen Sultan tributpflichtig wurde, konnte sich das **Fürstentum Moldau** gegenüber den Expansionsgelüsten des Osmanischen Reiches behaupten. Dann verlor es mit dem Fall seiner südlichen Festungen Akkerman am Dnjestr-Liman und Kilija an der Donau 1484 den Zugang zum Schwarzen Meer und wurde ebenfalls tributpflichtig. Damit waren alle Schwarzmeerhäfen in türkischer Hand.

Ab der zweiten Hälfte des 18. Jh. gelang es Russland in mehreren Russisch-Türkischen Kriegen dem Osmanischen Reich wichtige Küstengebiete am Schwarzen Meer abzuringen. Das im sechsten Krieg (1806–1812) gegen das Osmanische Reich eroberte Gebiet (mit dem Ostteil des Fürstentums Moldau) erstreckte sich vom Nordufer des Kilija-Arms der Donau zwischen den Flüssen Pruth im Westen und dem Dnjestr im Westen etwa 450 km nach Norden und hatte eine durchschnittliche Breite von etwa 100 km. 1812 wurde das Gebiet offiziell Russland zugesprochen und ging als kleinstes Gouvernement „Bessarabien" in das Russische Zarenreich ein. In Ismail stationierte Russland einen Teil seiner Donau-Flotte.
Die Reste der ehemaligen Fürstentümer Moldau und Walachei blieben zunächst unter der Abhängigkeit des Osmanischen Reiches. 1861 wurde unter dem gemeinsam gewählten Fürsten Alexander Johann I. zunächst der souveräne Staat Rumänien und 1881 in Bukarest das neue **Königreich Rumänien** unter Karl I. proklamiert.

Die Bessarabien-Deutschen

Das neue Gouvernement Bessarabien war nur dünn besiedelt, verfügte aber über kostbare, brachliegende Schwarzerdeböden. Da russische Bauern (wegen ihrer Leibeigenschaft bis 1861) nicht zur Verfügung standen,

Deutsche Siedlungsgebiete in Bessarabien

folgte Alexander I. (Zar von 1801–1825) dem Beispiel seiner Großmutter Katharina der Großen. Er holte ab 1814 deutsche Bauernfamilien – überwiegend aus Württemberg – in die eroberten Gebiete. Dem Ruf des Zaren folgten bis 1842 etwa 9000 Personen. Den „Bessarabien-Deutschen" wurden insgesamt 1500 Quadratkilometer „Kronland" kostenlos zur Verfügung gestellt, und es entstanden rund 150 deutsche Siedlungen.

Als Russland das Gebiet während des 2. Weltkrieges 1940 zurückeroberte – Bessarabien gehörte von 1918–1940 zu **Rumänien** – war die deutsche Volksgruppe auf 93000 Personen angewachsen. Gemäß der im Stalin-Hitler-Pakt festgelegten Umsiedlungsregelungen wurden sie „heim ins Reich" geholt, d. h. im deutsch besetzten Polen in Westpreußen und im Wartheland angesiedelt. Die Umsiedlung, der sich fast alle anschlossen, erfolgte auf freiwilliger Basis. Die Bessarabien-Deutschen erhielten als Entschädigung Bauernhöfe, die man zuvor ihren polnischen Besitzern zwangsweise abgenommen hatte. Kurz bevor die russische Front 1944/45 vorrückte, flüchteten alle in Polen ansässigen Deutschen Richtung Westen. Seit Mitte der 1980er Jahre schicken die Landsmannschaften, in denen sich viele organisiert haben, humanitäre Hilfe in ihre ehemalige Heimat zur Unterstützung der verarmten Bevölkerung. Der prominenteste Vertreter der Bessarabien-Deutschen und ihrer Nachkommen, ist der derzeitige **Bundespräsident Horst Köhler**.

Kischinjow

1818 wurde Kischinjow (das heutige Chisinau) zur Hauptstadt Bessarabiens erklärt, hatte aber zunächst ein denkbar schlechtes Image, da der Zar politische Gegner und andere Aufmüpfige hierher verbannte.

Kathdrale des Theodor Tiron

Ab 1834 veränderte sich das Stadtbild Kischinjows. Während die Altstadt mit ihren verwinkelten Straßen erhalten blieb, wurde die Oberstadt am rechten Ufer des **Byk** mit breiten Boulevards, repräsentativen Verwaltungsgebäuden und Parkanlagen großzügig ausgebaut. Es entstanden 1836 die **Kathedrale Nasterea Domnului** mit prächtigem Glockenturm, 1858 die **Kathedrale des Theodor Tiron**, die Griechische Kirche 1891 und 1903 das Frauengymnasium.

Um 1900 war Kischinjow Zentrum des **jüdischen Lebens** in Russland. Es kam allerdings auch zu zahlreichen antisemitischen Pogromen mit vielen Toten und Geschäftsplünderungen.

Chisinau

In den Wirren der Russischen Revolution 1917/18 fiel Bessarabien unter Beibehaltung einer gewissen Teilautonomie an Rumänien. Jenseits des Dnjestrs wurde 1924 auf dem Gebiet der Sowjetukraine die Autonome **Sowjetrepublik Moldawien ASSR** mit der Hauptstadt Tiraspol (ab 1929) gegründet. Dieses Gebiet hatte nie zu Bessarabien gehört, ist aber seit 1991 Austragungsort des **Transnistrien-Konfliktes** (s. Seite 122).
Gemäß einem geheimen Zusatzprotokoll zum Nichtangriffspakt (Hitler-Stalin-Pakt), nach dem Bessarabien der Sowjetunion zufiel, besetzte die Sowjetunion im Sommer 1940 Bessarabien und gründete hier wenig später die **Sowjetrepublik Moldawien** mit der Hauptstadt Kischinjow. Die ASSR wurde aufgelöst und geteilt. Transnistrien, das sich etwa 202 km längs des Ostufers des Dnjestr erstreckte, kam an die neue Sowjetrepublik, der Rest an die Ukraine.

Im Sommer 1941 gelang rumänischen Truppen bis zur russischen Sommeroffensive 1944 die Rückeroberung. Da Hitler kein Interesse an Bessarabien hatte, überließ er es seinem Bündnispartner Rumänien.
Während der Zeit als Sowjetrepublik (mit Amtssprache Russisch) blieben die Beziehungen zu Rumänien gespannt.

Nach der Unabhängigkeit

Im August 1991 erklärten sowohl Moldawien als auch Transnistrien in der zerfallenden Sowjetunion ihre Unabhängigkeit als Moldauische bzw. Transnistrische Republik.

Wappen der Republik Moldau
Der Auerochse war schon Symbol des Fürstentums Moldau.

Als Amtssprache war bereits 1989 „Moldauisch" (mit dem Rumänischen identisch) eingeführt und die Hauptstadt in Chisinau (Aussprache: Kischinau) umbenannt worden. Zur Debatte stand auch die Möglichkeit einer Wiedervereinigung mit Rumänien. Die mehrheitlich slawische Bevölkerung in **Transnistrien** lehnte diese Politik strikt ab. Der lange schwelende Konflikt artete 1991/92 in einen blutigen Bürgerkrieg aus. Die Rückgewinnung der abtrünnigen Region durch moldauische Regierungstruppen scheiterte an dem erbitterten Widerstand. Das Eingreifen russischer Truppen, die bis heute nicht abgezogen sind, bewirkte schließlich einen Waffenstillstand. Seit 1993 versuchen eine Kommission der OSZE, Russland und die Ukraine in diesem Konflikt zu vermitteln – bisher vergeblich.

Transnistrien befindet sich innerhalb der völkerrechtlich anerkannten Grenzen der Republik Moldau und ist von keinem Staat anerkannt worden. In der Republik Moldau leben heute etwa 3,4 Millionen Menschen, davon 710 000 in Chisinau. Transnistrien mit der Hauptstadt Tiraspol hat insgesamt 555 000 Einwohner.

Nessebar

21 000 Einwohner

Das bulgarische Nessebar liegt nicht weit vom bekannten „Sonnenstrand" entfernt auf der Nordseite der **Bucht von Burgas**. Während Neu-Nessebar auf dem Festland mit seinen Hotelburgen jedes Jahr Millionen von Sonnenhungrigen an seine Strände zieht, hat die Altstadt ihren einzigartigen Charme erhalten. Die ständig wachsende Zahl der Besucher lässt allerdings ahnen, dass die Zeiten des „Geheimtipps" vorbei sind. Alt-Nessebar liegt auf einer felsigen Insel von etwa 25 Hektar Größe und ist mit der Neustadt über einen etwa 400 m langen Damm verbunden. Auf dessen Mitte fällt

weithin sichtbar eine **Windmühle** aus dem 18. Jh. auf.

Die Altstadt wurde 1985 aufgrund ihrer einmaligen Baudenkmäler verschiedener Epochen von der UNESCO zum **Weltkulturerbe** erklärt. Vom alten Seglerhafen aus, wo Ihr Schiff festgemacht hat, sind es nur wenige Gehminuten bis zur malerischen Altstadt. Wegen des Kopfsteinpflasters und einiger Unebenheiten empfehlen wir Ihnen festes Schuhwerk.

In den schmalen, verwinkelten Gassen, die nur zu Fuß begehbar sind, herrscht bis spät in die Nacht reges Treiben. Geschäfte, die preiswert landestypische Keramik, Kunsthandwerk, Schmuck, Bekleidung u. a. anbieten sowie zahlreiche Tavernen, Bars und Restaurants säumen die Gassen. Das Stadtbild bestimmen – neben den 44 Basiliken und Kirchen bzw. deren Ruinen – über 100 pittoreske Häuser aus dem 18./19. Jh. im für die Schwarzmeerküste typischen **Stil der Bulgarischen Wiedergeburt**. Sie haben in der Regel

Typische Gasse in Nessebar

zwei Stockwerke, wobei das obere aus Holz über den steinernen Unterbau hinausragt und durch Querverstrebungen gestützt wird.

In einem dieser Häuser, dem Moskoyani-Haus, ist das **Ethnografische Museum** mit einer Ausstellung bulgarischer Trachten u. a. untergebracht.

Nessebar gilt als **älteste Stadt Europas**. Vor fast 4000 Jahren haben hier schon die **Thraker** – eines der ältesten und größten indogermanischen Völker – gesiedelt. Nach ihnen haben Griechen, Römer, Byzantiner, Slawen und Türken ihre Spuren hinterlassen.

Zwischen dem 4. und 6. Jh. v. Chr. gründeten die Griechen hier ihren Stadtstaat **Mesembria**. Zu ihrer Blütezeit verfügte die befestigte Kolonie über eine eigene Flotte und brachte es zu einem bedeutenden Kultur- und Handelszentrum. Aus dieser Zeit sind heute noch die Reste einiger Befestigungsanlagen zu sehen.

Befestigungsanlage
Foto: Nenko Lasarow

Unter **byzantinischer Herrschaft** vom 4.–7. Jh. n. Chr. gelangte die Stadt zu neuem Ruhm. Die Befestigungen wurden mit einer Kombination aus Fels und Ziegelsteinen erneuert, die Flotte ausgebaut und der Handel belebt. Gut erhaltene Teile dieser Festungsmauer und ihrer Türme sind in unmittelbarer Nähe Ihres Schiffes zu besichtigen.

Aus der byzantinischen Zeit stammen auch die ältesten **Kirchenbauten** Nessebars. Die 25,5 m lange **Kirche der Heiligen Sophia**, besser bekannt als **Alte Metropole**, entstand Ende des 5. Jh. Anfang des 6. Jh. im damaligen Zentrum der Stadt. Anfang des 9. Jh. wurde sie umgebaut und diente später als Residenz des Bischofs von Nessebar.

Alte Metropole

Die **Basilika der Heiligen Mutter Eleusa** an der Nordküste stammt aus dem 6. Jh. Sie wurde 1920 ausgegraben und ist inzwischen restauriert.

Auch frühbyzantinische **Thermen** aus dem 5./6. Jh., deren Wände mit bis zu 3 m hohen Marmorplatten bedeckt waren, sind zum großen Teil freigelegt.

Im Jahr 812 gelang es dem **bulgarischen Khan Krum**, die Stadt zu erobern und in das **Erste Bulgarische Reich** einzugliedern. Erstmals siedelten jetzt hier auch Slawen, die sich mit der örtlichen Bevölkerung vermischten. Auf diese Weise bildete sich im Laufe der Zeit auf dem Balkan das Volk der Bulgaren heraus.

Aus dieser Zeit (9. Jh.) stammt die **Kirche des Hl. Johannes der Täufer** aus grob behauenem Stein. Sie ist der architektonische Prototyp eines

Kirche des Hl. Johannes der Täufer

Kirchenbaus, der zwischen den frühchristlichen Basiliken und den mittelalterlichen Kreuzkuppelkirchen steht.

Im Jahr 927 wurde die Unabhängigkeit der Bulgarisch-Orthodoxen Kirche von Konstantinopol anerkannt und Bulgarien nach und nach christianisiert.

Ein wichtiges Beispiel mittelalterlicher Architektur ist die **Kirche des Heiligen Stephan** vom Ende des 11. Jh., bekannt als **Neue Metropole**, die mehrmals umgebaut wurde. Erwähnenswert sind hier die Wandbemalungen, Fresken und über 1000 Figuren, die das Leben der Heiligen Mutter Gottes nachstellen.

Das Jahr 1396 markiert einen Wendepunkt in der Geschichte Bulgariens. Das Land fiel für fast 500 Jahre unter die **Herrschaft des Osmanischen Reiches**. Die Bulgaren hielten zwar der Islamisierung weitestgehend stand, aber ihre Kirche wurde von den türkischen Herrschern nicht anerkannt. Diese akzeptierten allein die Griechisch-Orthodoxe Kirche.

In Nessebar gibt es außer dem **Hamam** – einem türkischen Bad – keine weiteren architektonischen Spuren aus der Zeit der türkischen Herrschaft.

Im letzten Russisch-Türkischen Krieg 1877/78, in dem es auch um die kulturelle und politische Einigung aller Slawen ging, erlitt das Osmanische Reich herbe Verluste. In Bulgarien wird dieser Krieg als Befreiungskrieg gefeiert. Zunächst wurde Bulgarien 1778 jedoch zweigeteilt, in das **Fürstentum Bulgarien** mit der Hauptstadt Sofia und in den Süden, der als autonome Provinz gegenüber dem Sultan tributpflichtig blieb. Erst 1908 konnte sich das Land als **Königreich Bulgarien** des türkischen Einflusses vollständig entledigen.

INFO: Die Zeit der Bulgarischen Wiedergeburt
Während seines langsamen Zerfalls ließ das Osmanische Reich ab Mitte des 19. Jh. Reformen zu, die Muslime, Christen und Juden gleichstellten.

Diese Reformen waren Hintergrund für die kulturelle Erneuerungsbewegung der „Bulgarischen Wiedergeburt". Unter osmanischer Herrschaft hatte lediglich in Klöstern das bulgarische Nationalbewusstsein überleben können. Die Veröffentlichung und Verbreitung eines Manuskripts, das ein neues nationales Geschichtsbild und Bildungsprogramm formulierte, schlug besonders bei bulgarischen Kaufleuten ein. Vermögende bulgarische Städter besannen sich auf ihre im Mittelalter unterbrochene Geschichte, entdeckten ihr eigenes Volk und seine geschichtliche Größe wieder.

Bulgarische Kaufleute und ihre Zünfte nahmen den Kampf gegen das Analphabetentum auf und ließen im ganzen Land Leseräume einrichten. Gegen den Widerstand des griechischen Patriarchats, dessen Kirche als einzige vom Osmanischen Reich anerkannt war, wurde 1849 in Istanbul erstmals wieder eine eigene bulgarische Kirche eröffnet.

Dieses neue Selbstbewusstsein drückte sich auch in der Architektur aus. Ende des 18. Jh. bis Anfang des 19. Jh. errichteten bulgarische Geschäftsleute im ganzen Land ihre Häuser im Stil der „Bulgarischen Wiedergeburt", der an die traditionelle bulgarische Bauweise anknüpfte.

Die Krim

Einwohnerzahl: 2 000 000

Geografie

Das Territorium der Halbinsel Krim im Süden der Ukraine umfasst etwa 27 000 km². Die Krim ist mit dem Festland bei **Perekop** durch eine nur 8 km breite Landenge verbunden.

Auf der Krim leben etwa 2 Millionen Menschen, wobei die Russen etwa 60 % stellen. Dazu kommen 25 % Ukrainer, 13 % Krimtataren sowie andere Nationalitäten wie Griechen, Armenier, Bulgaren und Türken.

Das Relief der Krim hat sich vor etwa 12 Millionen Jahren auf dem Meeresgrund gebildet. Im Süden erhebt sich das aus Kalkstein bestehende **Krimgebirge** in drei parallelen Gebirgszügen von Südwest nach Nordost. Der äußere Gebirgszug mit einer maximalen Höhe von 344 m erstreckt sich zwischen den beiden größten Städten der Krim **Sewastopol** und **Simferopol**.

Der südliche Hauptgebirgszug, das **Jaila-Gebirge** mit dem höchsten Gipfel von 1 545 m, zieht sich längs der Südküste hin. Die für das Krimgebirge typischen Bergplateaus sind mit über 900 Pflanzenarten bewachsen und wurden jahrhundertelang als Weideflächen (tatarisch jaila = Weide) genutzt. Seit 1923 gehören sie zu den insgesamt 67 000 Hektar Naturschutzgebiet auf der Krim.

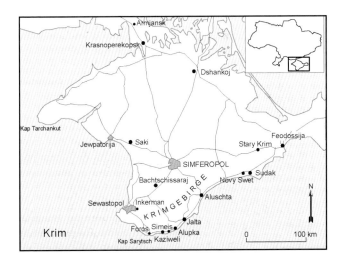

Die **Südküste** ist durch das Krimgebirge vor dem Eindringen kalter Luftmassen aus dem Norden geschützt. In dem subtropischen Klima gedeihen an den Berghängen Wein, Oliven- und Mandelbäume, Tabak und Pflanzen für ätherische Öle. In den zahlreichen Parkanlagen, die sich durch die **Kurorte** ziehen, wachsen die endemische (d. h. die nur hier vorkommende) Krimkiefer, Zedern, Zypressen, Palmen, Magnolien, Lorbeerbäume u. a. Der größte Teil der Krim ist jedoch Flachland bzw. Steppengebiet. Durch den Bau des 400 km langen **Nördlichen Krimkanals** 1963 konnten über 270 000 Hektar Steppe mit Dnjeprwasser kultiviert und Wein, Obst und Getreide angebaut werden. In den Küstengebieten im Westen und Osten der Krim kommen Salzseen vor, die in der späten Eiszeit durch das Ansteigen des Meeresspiegels entstanden waren. Der mineralhaltige Schlamm wird in zahlreichen Sanatorien zur Heilung verschiedenster Krankheiten angewendet.

Geschichte

Archäologische Funde zeugen davon, dass auf der Krim bereits vor 100 000 Jahren Menschen lebten. An den Küsten errichteten 1 000 Jahre v. Chr. die **Taurier** ihre Festungen. Deshalb wurde die Halbinsel von den Griechen als **Tauris** oder **Tawrida** bezeichnet. Homer beschrieb im 8. Jh. v. Chr. in seiner „Odyssee" die Bucht von **Balaklawa** bei Sewastopol als einen Hafen von Piraten. Denn die Taurier lockten mit großen Leuchtfeuern Schiffe in die enge Bucht, um sie zu überfallen und auszurauben. Außer den Tauriern siedelten noch die **Kimmerier** auf der Krim. Beide Völker gelten als deren Ureinwohner. Auf der Krim gaben sich die verschiedensten Völker die „Klinke in die Hand". Neben den **Griechen**, die ihre Kolonien an den Küsten anlegten, errichteten ab dem 7. Jh. v. Chr. die Nomadenstämme der **Skythen** ihr Reich auf dem Gebiet des heutigen Simferopols. Im 1. Jh. v. Chr. wurden die Griechen von den Römern vertrieben. Zwischen dem 3. und 7. Jh. n. Chr. eroberten die nomadisierenden **Ostgoten**, **Hunnen** und **Chasaren** nacheinander die Krim.

Ab dem 6. Jh. geriet die Halbinsel immer mehr in den Einflussbereich von Byzanz, mit dem ab Ende des 9. Jh. die Fürsten und Händler der Kiewer Rus in Beziehungen traten.

Batu-Khan

Anfang des 13. Jh. fielen die **Mongolo-Tataren** in die Steppengebiete und einen Teil des Vorgebirges ein. Hier bildeten sie

oben: **Sewastopol: Blick auf die Südbucht**
Foto: Vyacheslav Stepanyuchenko
unten: **Die Konstantinow-Kasematte**

oben: Die Artilleriebucht
unten: Die Ruinen von Chersones

oben: **Der Khans-Palast in Bachtschissaraj**
unten: **Innenansicht des Khans-Palastes**
Foto: Podvalov

oben: **Die Palastanlage von Alupka vom Meer aus gesehen**
unten links: **Alupka von der Westseite**
unten rechts: **Das Löwenportal von der Südseite**

ihre Stützpunkte. Die Festungen verstärkten sie mit Wassergräben (tatarisch: kyrym). So ist die Bezeichnung „Krim" für die taurische Halbinsel entstanden. An der Küste zwischen dem heutigen Sewastopol bis zur Halbinsel Kertsch im Osten ließen sich gleichzeitig die **Genueser** nieder und errichteten ebenfalls ihre Festungen.

Im Zuge des Zerfalls der mongolischen **Goldenen Horde** Mitte des 15. Jh. gründete die tatarische Herrscherdynastie der **Girai** 1443 ihr **Khanat** zunächst auf der Ostseite im heutigen Ort „Staryj Krim". Der Khan musste jedoch schon 1475 die Oberherrschaft des **Osmanischen Reiches** anerkennen. Der türkische Sultan nutzte die Krim als Aufmarschgebiet und dehnte seinen Machtbereich auf die nördlichen Küstengebiete des Schwarzen und des Asowschen Meeres sowie die Fürstentümer an der Donau aus.

Im April 1648 machte **Hetman Bogdan Chmelnizkij** dem Khan Islam Girai III. in Bachtschissaraj die Aufwartung, um mit ihm über Unterstützung gegen den polnischen Adel zu verhandeln. Der Khan sicherte zu, sich nicht auf die Seite Polens zu stellen und schickte außerdem beträchtliche Teile seiner Kavallerie in die Ukraine. Chmelnizkij musste seinen Sohn als Pfand im Khanspalast zurück lassen. Dieser kehrte nach dem Erfolg des kosakisch-tatarischen Heeres gegen die polnischen Truppen in die Ukraine zurück. Mit dem Anschluss des Hetmanats an Russland 1654 rückte die russische Grenze weit nach Süden vor. In der Folge kam es zu ständigen Konflikten mit den Türken und einer Serie von Kriegen.

1774 konnten die russischen Truppen den Süden der Krim erringen. Daraufhin erklärte sich das Krimkhanat als unabhängig vom Osmanischen Reich. Katharina II. ließ den letzten **Khan Schagin-Girai** zunächst gewähren, zwang ihn aber 1783 zur Abdankung und annektierte die Krim.

Khan Mengli Girai macht dem türkischen Sultan seine Aufwartung
(Miniatur aus dem 16. Jahrhundert)

Sewastopol

Einwohnerzahl: 340 000

Ankunft in Sewastopol

Sie sollten sich das Einlaufen in Sewastopol nicht entgehen lassen, denn Sie erhalten einen ersten repräsentativen Eindruck von dieser Stadt. Bevor Ihr Schiff von Lotsen in die Hauptbucht von Sewastopol dirigiert wird, sehen Sie rechts auf der Steilküste die **Wladimir-Kathedrale** von **Chersones**. Der altgriechische Stadtstaat Chersones wurde im 5. Jh. v. Chr. auf dem Kap errichtet. Die strategisch günstig gelegene und windgeschützte Hauptbucht ragt etwa 7,5 km tief in das Festland hinein und teilt das heutige Sewastopol in Nord und Süd. Von ihr gehen insgesamt 18 Nebenbuchten ab. An der Einfahrt sehen Sie links einen hufeisenförmigen weißen Bunker mit gleichmäßig verteilten Schießscharten. Es handelt sich um die 1852 errichtete **Konstantinow-Kasematte**.

Die Konstantinow-Kasematte

Am rechten Ufer ragt ein **Obelisk** 60 m in die Höhe, vor der die Skulptur eines Soldaten und Matrosen in kämpferischer Pose zu sehen ist. Das Denkmal ist den Verteidigern Sewastopols im Zweiten Weltkrieg gewidmet und wurde 1977 aufgestellt. Auf der Hafenbefestigung davor liegt die zentrale Badestelle von Sewastopol. Dahinter geht rechts die größte Nebenbucht, die **Artilleriebucht** ab, von den Einheimischen kurz „Art-Bucht" genannt.

Sollte Ihr Schiff nicht gleich hier anlegen, gibt es den eigentlichen Seehafen in der nächstgelegenen **Südbucht**, die Sewastopol auf 2,5 km Länge ein weiteres Mal teilt. Gegenüber liegt die sogenannte „Schiffsseite" mit Docks und Werften. In der Südbucht ankern auch Schiffe der Schwarzmeerflotte. Bevor Sie einlaufen, sehen Sie rechts im Wasser das 16 m hohe **Denkmal der** (im Krimkrieg 1854) **Versenkten Schiffe**. Auf einem Sockel aus Fels erhebt sich auf einer korinthischen Säule ein Bronzeadler mit ausgebreiteten Schwingen und einem Lorbeerkranz im Schnabel. Dieses Denkmal, das 1904 errichtet wurde, ist als Wahrzeichen in das Stadtwappen eingegangen.

Nach dem Einbiegen in die Südbucht passieren Sie den **Grafenkai**, eine von Löwenskulpturen flankierte Säulenkollonade, von der eine breite Para-

SEWASTOPOL

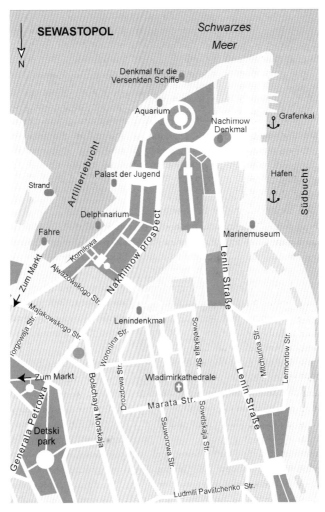

Sewastopol hat eine Fläche von 864 km², 4 Stadtteile (incl. Balaklawa) sowie 46 Dörfer.

Als Stützpunkt der Schwarzmeerflotte hat die Stadt einen Sonderstatus und untersteht direkt der ukrainischen Zentralregierung (bis 1991 der Moskauer).

Der Grafenkai

detreppe nach unten führt. Er ersetzt seit 1846 die erste hölzerne Anlegestelle Sewastopols, die gleich 1783 errichtet worden war. Nach dem Kommandeur der Schwadron Graf Wojnowitsch erhielt diese später die Bezeichnung „Grafenkai". Gedenktafeln erinnern an dramatische, geschichtliche Ereignisse, die sich auf dem Kai abspielten.

Die Gründung der Festung

Nach dem Fall des Krimkhanats segelten am 2. Mai 1783 die ersten Schiffe der Dnjepr-Flotte unter Vize-Admiral **Klokatschow** in die windgeschützte

Einzug in die Bucht von Achtiar

Bucht von Achtiar. Hier lag damals das tatarische Dorf Ak-Yar (Weiße Steilküste). Am 3. Juni 1783 wurden an der Südbucht die Grundsteine für die ersten Bauwerke – einer Kapelle, der Anlegestelle, einer Schmiede sowie des Hauses des Admirals – gelegt. Katharina die Große erteilte im Februar 1784 Fürst Potjomkin den Befehl, am Westufer der Südbucht die Festung Sewastopol als **Kriegshafen der Schwarzmeerflotte** anzulegen. Dem Namen liegen die griechischen Begriffe „sewastos" und „polis" zugrunde, was in der Übersetzung „ruhmreiche Stadt" bedeutet. Als Katharina II. Sewastopol im Sommer 1787 als Ziel ihrer großen Reise besuchte, umfasste die Flotte bereits sechs große Kanonenschiffe und zehn kleinere Schiffe. Am Hafen waren 400 Häuser entstanden.

Der Krimkrieg 1853–1855

Die erste Bewährungsprobe für die Schwarzmeerflotte wurde der Krimkrieg gegen die Vereinigten Armeen von Großbritannien, Frankreich, der Türkei und Sardinien.

Angriff der britischen Kavallerie nahe Balaklawa Ende Oktober 1854

Auslöser des Krieges war ein in Palästina ausgebrochener, blutiger Streit zwischen orthodoxen und römisch-katholischen Christen um das Besitzrecht an den **Heiligen Stätten** in Jerusalem. Palästina stand zu diesem Zeitpunkt unter türkischer Herrschaft. Als der Sultan ablehnte, den russischen Zaren als Schutzherrn aller im Orient lebenden, orthodoxen Gläubigen anzuerkennen, brach **Nikolaj I**. die diplomatischen Beziehungen ab und fiel im Mai 1853 in die türkisch beherrschten **Donaufürstentümer Moldau** und **Walachei** ein. Daraufhin erklärte die Türkei den Krieg gegen Russland.

Schon Katharina die Große hatte das heimliche Ziel verfolgt, dem Osmanischen Reich **Bessarabien** (s. Seite 119) und die o. a. Fürstentümer zwischen der Donau und den Karpaten im Bündnis mit Österreich abzujagen. Von der Krim aus wollte sie dann Konstantinopel angreifen, die muslimischen Türken vertreiben und das Byzantinische Reich mit ihrem zweitgeborenen Enkel an der Spitze neu entstehen lassen. Diesen hatte sie vorsorglich schon nach dem letzten byzantinischen Kaiser auf den Namen Konstantin taufen und Gedenkmünzen prägen lassen. Diese zeigten auf der einen Seite die Hagia Sophia und auf der anderen das Schwarze Meer.

Nikolaj I. hatte es vor allem auf den Besitz der **Dardanellen** abgesehen, um Russland den freien Zugang zum Mittelmeer zu sichern. Diesem russischen Ausdehnungsdrang mit dem Ziel, sich Teile des geschwächten Osmanischen Reichs anzueignen, konnten die anderen europäischen Großmächte nicht tatenlos zusehen. Sie waren darauf bedacht, Russland im Zaum zu halten, um das Gleichgewicht der Kräfte in Europa zu wahren.

Nachdem der Zar die ultimative Aufforderung der vier Großmächte zum Truppenrückzug ignoriert hatte, schlossen sich **Großbritannien** und

Ausschnitt aus dem Panorama-Gemälde

Frankreich im März 1854 dem Krieg an. Das mit Russland verbündete **Preußen** sowie **Österreich** verhielten sich neutral. Die Kriegshandlungen fanden an der Donau, im Kaukasus, auf der Ostsee, dem Weißen Meer und dem Stillen Ozean statt. Der Hauptkriegsschauplatz wurde 1854 jedoch die Krim.

Im September landeten 60 000 Mann der alliierten Armeen nördlich von Sewastopol bei Jewpatorija auf der Krim an. Die russische Flotte konnte mit ihren veralteten Segelschiffen gegen die modernen Dampfschiffe der alliierten Armeen keine Seeschlacht riskieren. Die Russen zogen sich also in ihren Kriegshafen Sewastopol zurück. Vize-Admiral **Kornilow** ließ als erste Maßnahme die eigenen Segelschiffe in der Hauptbucht versenken, um den Alliierten den Zugang zu versperren. Die Schiffskanonen nahmen sie mit und verstärkten damit ihre Festungen in den Buchten.

Im Oktober begannen die alliierten Armeen mit der Belagerung Sewastopols, die 349 Tage lang andauern sollte. Anfang 1855 schaltete sich noch das Königreich **Sardinien** in den Krieg ein und schickte 15 000 Mann. Den 150 000 Russen standen insgesamt 174 000 Soldaten der alliierten Armee gegenüber.

Am 6. Juni 1855 versuchten die Alliierten, die russischen Bastionen östlich der Südbucht zu stürmen. Bei dieser Schlacht um den **Malachowhügel** verloren an einem Tag 5 000 Russen sowie 7 000 Briten und Franzosen ihr Leben.

Die russischen Truppen konnten die Schlüsselposition ihrer Verteidigung noch 3 Monate halten. Doch aufgrund fehlender Eisenbahnlinien konnte kein Nachschub organisiert werden. Als der strategisch wichtige Hügel Ende August 1855 von der französischen Infanterie eingenommen wurde, mussten die Russen die Stadt aufgeben. Sie zogen sich über eine schwimmende Brücke über die Hauptbucht an die Nordküste zurück. Der Krieg war verloren, obwohl es russischen Truppen noch im November gelang, die türkische Festung **Kars** zu erobern.

Im März 1856 wurde der **Pariser Friedensvertrag** unterschrieben, der eine vollständige **Entmilitarisierung** des Schwarzen Meeres vorsah. Die Dardanellen und der Bosporus wurden für Kriegsschiffe aller Länder geschlossen. Islam und Christentum kamen als gleichrangig unter die Schutzmacht aller Großmächte. Russland musste die besetzten Donaugebiete wieder räumen und erhielt im Tausch gegen die Festung Kars Sewastopol zurück.
Wenn auch alles verloren war, blieb Sewastopol zumindest ein moralischer Sieg: Die Stadt ging als Symbol für Tapferkeit und Heldenmut in die Geschichte Russlands ein.
Erst 20 Jahre später, als das Verbot russischer Festungen im Schwarzen Meer wieder aufgehoben wurde und eine Eisenbahnlinie gebaut war, kehrte das Leben in die Stadt zurück.

Der Zweite Weltkrieg
Es blieb jedoch nicht bei einer Belagerung. Nachdem die deutsche Luftwaffe Sewastopol im Morgengrauen des 22. Juni 1941 bombardiert hatte, begann die Hitlerarmee am 30. Oktober mit der zweiten Belagerung der Stadt. Diesmal dauerte sie 250 Tage.
Die russischen Truppen leisteten, unterstützt durch die Bevölkerung und Partisanenverbände, erbitterten Widerstand. Die Rückeroberung Sewastopols gelang am Abend des 7. Mai 1944, als die russischen Truppen die Stellung der Deutschen auf dem **Sapunberg** einnahmen. Am 10. Mai kapitulierten auch die letzen versprengten deutschen Einheiten bei Chersones.

Die Stadt bot nach Kriegsende ein Bild der völligen Zerstörung. 99 % der Gebäude waren dem Erdboden gleich, von den 112 000 Einwohnern hatten nur ein paar Tausend überlebt.

Sewastopol im 20. Jahrhundert
Man kann sich kaum vorstellen, dass die Stadt, wie sie sich dem heutigen Besucher präsentiert, erst vor 50 Jahren komplett aus Schutt und Asche auferstanden ist. Sie wurde in weniger als 10 Jahren wieder nach ihrer

alten Struktur aufgebaut. Vor allem das Zentrum beeindruckt mit seinen prächtigen Gebäuden im Stil des Klassizismus und der Renaissance. Sewastopol hat wie alle Städte durch den Zusammenbruch der Sowjetunion wirtschaftlich gelitten. 1992 betrug die Einwohnerzahl noch 416 000. Heute sind es knapp 20 % weniger. Viele Betriebe der Schwerindustrie wie z. B. die Trockendocks erfüllten zu sowjetischen Zeiten militärische Aufträge. Heute stehen sie oft leer. Doch langsam floriert die Nahrungsmittelindustrie mit Fisch-, Obst- und Gemüseverarbeitung. Es gibt Bierbrauereien, Wein- und Sektkellereien. Es werden erfolgreich Textilien, Möbel und elektronische Geräte hergestellt, Baumaterialien gewonnen wie z. B. der **Inkermaner Kalkstein** u. a.

Von großer Bedeutung für die Stadt sind auch die zahlreichen wissenschaftlichen Einrichtungen, die sich mit Hydrophysik, Meeresbiologie etc. beschäftigen. Es gibt eine Technische Universität mit 8 000 Studenten, Ausbildungsstätten der Marine, ein Institut für Nuklearenergie u. a.

Die Sehenswürdigkeiten von Sewastopol

Die Tatsache, dass Sewastopol innerhalb von nur 200 Jahren zweimal belagert und wie keine andere Stadt in Kriegshandlungen verwickelt war, hat ihr nicht nur den Titel „Heldenstadt" eingebracht, sondern auch über 1 000 Denkmäler, Gedenkstätten und Museen. Dazu kommt noch einmal die gleiche Zahl an kulturellen und archäologischen Sehenswürdigkeiten. Vor allem dem **Krimkrieg** und seinen Helden sind viele Denkmäler gewidmet. Stadtteile, Straßen und Plätze tragen ihre Namen. Dazu gehören die Admiräle **Nachimow**, **Kornilow** und **Istomin**, sowie die Generäle **Totleben** und **Chruljow**.

Das Panorama-Museum

In der Regel beginnt die Stadtbesichtigung mit dem Panorama „Die Verteidigung Sewastopols von 1854–1855". Ab 1873 wurde damit begonnen, die ehemaligen Befestigungen und Kriegsschauplätze zu restaurieren und zu Memorialkomplexen umzuwandeln. Auf dem **Malachowhügel** und auf dem **Historischen Boulevard** oberhalb der Südbucht im Stadtzentrum entstanden Grünanlagen mit zahlreichen Statuen und Figurengruppen der Verteidiger Sewastopols. Darunter ist auch ein Denkmal des russischen Dichters und Leutnants der Donauarmee **Lew Tolstoj**. Dieser kam im November 1854 als Freiwilliger nach Sewastopol, wo er seine Kriegserlebnisse in den „Sewastopoler Erzählungen" niederschrieb.

Auf dem Historischen Boulevard wurde 1905 das „Panorama" eröffnet. In die blinden Mauern des runden Museumgebäudes sind in Nischen die Büsten der Stadtverteidiger aufgestellt. Das **Rundgemälde** im Inneren gibt die Schlacht vom 6. Juni 1855 um den Malachowhügel wieder. Der

Leinwand mit den Maßen 115 m x 14 m ist eine dreidimensionale Ebene mit realistischen Elementen und Figuren vorgelagert. Geschaffen wurde das Gemälde von dem in Odessa geborenen und in München lebenden Professor und Panoramamaler **Franz Roubeau**. Es entstand mit Hilfe weiterer Maler und 20 Studenten in einem Münchener Vorort.

Stadtrundgang im Zentrum

Der „Historische Boulevard" grenzt an den Uschakow-Platz. Von hier gehen die parallel zur Südbucht verlaufende Uliza Lenina und die Bolschaja Morskaja ab, die mit dem Prospekt Nachimowa im Norden einen Ring um das Stadtzentrum schließen. Zwischen der Südbucht und der Artilleriebucht mit dem zentralen Nachimow-Platz liegt der historische Kern Sewstopols.

Der Nachimow-Platz

Im historischen Zentrum nahe dem Grafenkai wurde 1898 dem Admiral der Schwarzmeerflotte Nachimow (1802–1855) erstmals ein Denkmal errichtet, jedoch 1927 wieder abgetragen, da Stalin die Ehrung des „Zaren-Admirals"nicht länger dulden wollte. Auf den erhalten gebliebenen Granitsockel wurde 1959 unter Chruschtschow eine neue, 6 m hohe Bronzestatue Nachimows gestellt. Dieser hatte an mehreren siegreichen Seeschlachten gegen die Türken teilgenommen, bevor er 1854 zum Führer der Verteidigung Sewastopols im Krimkrieg ernannt wurde. Er kam 1855, wie schon sein Vorgänger Kornilow, auf dem Malachowhügel ums Leben.

An den Nachimowplatz grenzt der **Küstenpark**, der parallel dem Nachimow-Prospekt zur Artilleriebucht führt. Die Uferpromenade im beliebten Freizeitpark ist der Primorskij Boulevard. Vorbei an einer kleinen Freilichtbühne kommen Sie zum Meer, wo rechterhand im Wasser das bereits erwähnte **Denkmal für die Versenkten Schiffe** steht. Am Ufer sind die Anker der versenkten Schiffe deponiert. In der Bucht findet jährlich Ende Juli eine Flottenparade statt, für deren Zuschauer eine Betontribüne errichtet wurde.

Nachimow-Statue

Wenn Sie dem Boulevard etwa 150 m nach links folgen, treffen Sie auf das Gebäude des **Aquariums**, das zum Forschungsinstitut für Meeresbiologie

Denkmal für die Versenkten Schiffe

gehört. Es wurde als erstes Aquarium-Museum Russlands 1897 eröffnet und präsentierte die Tier- und Pflanzenwelt des Schwarzen Meeres. Heute sind in vier Hallen vor allem exotische Meeresbewohner zu sehen, die **nicht** im Schwarzen Meer vorkommen, darunter Haie und Piranhas, Seepferdchen, Seeanemonen, eine betagte Wasserschildkröte und Echsen.

Ein Gebäudekomplex weiter liegt der Prachtbau des ehemaligen Instituts für Physikalische Heilmethoden. Das palastartige Gebäude aus weißem Inkermaner Kalkstein mit korinthischer Säulenkollonade und Skulpturen auf dem Dach wurde nach seiner Zerstörung im Zweiten Weltkrieg 1967 wieder aufgebaut. Es diente bis zum Zusammenbruch der Sowjetunion als **Palast der Pioniere**. Heute heißt er offiziell „Palast der Schüler und der Jugend". Im unteren Saal finden u. a. Konzerte des berühmten **Marinechors der Schwarzmeerflotte** statt.

Das nächste repräsentative Gebäude oberhalb der Artilleriebucht ist das **Lunatscharskij-Dramentheater**, das 1956 im Stil des Neoklassizismus errichtet wurde. Daneben liegt das **Hotel Sewastopol** im gleichen Baustil.

Jenseits des Nachimow-Prospekts führt eine breite Freitreppe auf den zentralen Stadthügel. Hier erhebt sich seit 1957 eine **Leninstatue** mit einer Gesamthöhe von 22 m. Sie zeigt Lenin auf einem Granitsockel im Kreise von vier Bronzefiguren – einem Arbeiter, einem Bauern, einem Matrosen und einem Soldaten. Von hier hat man einen herrlichen Blick über die Bucht.

Etwa 100 m weiter von hier liegt am anderen Ende der Grünanlage an der **Uliza Marata** eine der beiden Wladimir-Kathedralen Sewastopols. Damit hat es folgende Bewandtnis:

Die Wladimir-Kathedralen

An dem Bau der beiden Wladimir-Kathedralen zu Ehren des Heiligen Wladimir waren gleich drei Zaren beteiligt. **Alexander I**. avisierte den

Bau, als er 1824 Sewastopol besuchte. Die Kathedrale sollte an historischer Stelle in Chersones errichtet werden, dort wo sich Wladimir 988 hatte taufen lassen, bevor er das Christentum in die Kiewer Rus brachte.

Nach Alexanders plötzlichem Tod 1825 gab **Nikolaj I**. 1843 jedoch den Befehl, die Kathedrale hier im Zentrum von Sewastopol bauen zu lassen. Der Grundstein wurde 1854 an der Stelle gelegt, wo **Admiral Lasarew**, der Hauptkommandant der Schwarzmeerflotte, im Jahr 1851 bestattet worden war. Auch die im Krimkrieg gefallenen Admiräle Kornilow, Nachimow und Istomin wurden in der Gruft der halbfertigen Kathedrale beigesetzt. Die Bauarbeiten waren erst 1888 beendet.

Fundament der Wladimir-Kathedrale im Jahr 1854

Als **Alexander II**. Sewastopol 1861 einen Besuch abstattete, beschloss er, gemäß dem Willen von Alexander I., eine Wladimir-Kathedrale in **Chersones** errichteten zu lassen. Er selbst legte den Grundstein der Kathedrale, für die er im ganzen Land Geld sammeln ließ. Sie war schließlich 1891 fertiggestellt. So kam es, dass es in Sewastopol gleich zwei Wladimir-Kathedralen gibt.

Von der **Uliza Marata** können Sie über eine Treppe zur **Uliza Lenina** an der Südbucht hinuntersteigen. Gehen Sie dann ein Stück nach links Richtung Nachimow-Platz. Auf der gegenüberliegenden Straßenseite fällt mit Haus Nr. 11 ein stuckverziertes Gebäude auf, vor dem Anker, Kanonen und anderes Kriegsgerät stehen. Es handelt sich um das **Marinemuseum**. Es wurde 1869 auf Initiative von 60 Veteranen des Krimkriegs ins Leben gerufen. Über dem Eingang steht analog zur Dauer der Belagerung die Zahl 349.

Die Artilleriebucht

Wenn Sie am „Palast der Schüler und der Jugend" vorbeigehen, führt ein Weg hinunter zur Artilleriebucht. Zahlreiche Souvenirhändler haben hier ihre Stände errichtet. In diesem Winkel der Bucht gibt ein **Delphinarium** einige Male am Tag eine Vorstellung.

Die Artilleriebucht hat diesen Namen, weil bei Gründung der Festung Sewastopol die Munitionslager der Artillerie hier angelegt wurden. Über die Bucht wird heute der Schiffs- und Fährverkehr auf die Nordseite der Stadt abgewickelt. Die Kutter „Merkur" und „Pluto" bringen im Sommer Badegäste im Stundentakt an die Sand- und Kiesstrände von **Utschkujewka**.

Auf dem Gemüsebasar

Zu beiden Seiten der belebten Bucht liegen Cafés und Diskotheken, die sich im Juli und August bis spät in die Nacht gegenseitig übertönen. Wenn Sie weiter durch die Parkanlage in südliche Richtung gehen, kommen Sie nach etwa 250 m zum **Basar** bzw. **Ryno**k, wo es neben Nonfood auch Obst, Gemüse, Milchprodukte, Fisch und Fleisch gibt.

Fischer an der Artelleriebucht

Chersones

Im Jahr 421 v. Chr. gründeten die Griechen auf dem Kap, auf dem heute Sewastopol gelegen ist, den Stadtstaat **Chersones**. Der Name, der in der Übersetzung „Halbinsel" bedeutet, bezieht sich auf die Lage der antiken Stadt zwischen zwei Buchten. 100 Jahre später hatte sich Chersones zu einem bedeutenden Sklavenhalterstaat mit hoher Kultur entwickelt, der die gesamte West- und Nordwestküste der Krim beherrschte.

Vom 1. Jh. v. Chr. bis 5. Jh. n. Chr. unterstand Chersones dem Weströmischen Imperium, das hier eine Garnision und Flotte stationierte. Nach dessen Zerfall spielte Chersones als Vorposten von **Byzanz** eine wichtige Rolle. Die Brüder **Kyrill** und **Method** haben hier um 860 das kyrillische Alphabet entwickelt. 988 gelang es den Truppen des Kiewer **Fürsten Wladimir**, das hoch zivilisierte Chersones nach neunmonatiger Belagerung einzunehmen, indem sie die tönernen Wasserrohre kappten. Wladimir ließ sich hier taufen und brachte anschließend das Christentum byzantinischer Prägung nach Kiew. Mit sich nahm er auch Ikonen aus Chersones und Reliquien aus dem Höhlenkloster des Heiligen Klemens bei Inkerman.

Die Wladimir-Kathedrale in Chersones

Bis 1299 wurde der gesamte russische Außenhandel mit Byzanz über Chersones abgewickelt. Dann brannten die tatarisch-mongolischen Heere die Stadt nieder. Damit war Chersones nach fast 2000 Jahren Existenz vernichtet. Knapp 500 Jahre später wurden die Steine der noch gut erhaltenen Mauern und Türme abgetragen und für den Bau von Sewastopol verwendet.

Das Freilichtmuseum

Aufgrund der großen religiösen Bedeutung, die Chersones wegen der Taufe Wladimirs beigemessen wurde, begann man 1827 mit der Ausgrabung der untergegangenen Stadt. Auf dem Territorium von Chersones, das 1892 als Freilichtmuseum eröffnet wurde, sind bisher die Überreste von mehr als 60 antiken Gebäuden freigelegt worden. Man vermutet, dass ein Großteil der Anlage noch unter der Erde liegt. 1996 wurde Chersones als Weltkulturerbe in die UNESCO-Liste aufgenommen.

Wladimir-Kathedrale im 19. Jahrhundert

Links des Haupteingangs sieht man die Ruinen des **Amphitheaters** für 1 800 Zuschauer (4. Jh. v. Chr.). Hier fanden u. a. Versammlungen und Gladiatorenkämpfe statt. Auch heute erfreut sich die Ruine im Sommer als Kulisse für Festivals und Theatervorstellungen großer Beliebtheit. In der Nähe des Theaters liegen die Ruinen des **Münzhofs** (3. Jh. v. Chr.). Hier wurden Teile eines Schmelzofens für Bronze gefunden.

Nicht weit vom Münzhof steht ein **Klostergebäude** aus der zweiten Hälfte des 19. Jh., das 1925 geschlossen wurde. Heute dient es als Museum über das mittelalterliche Chersones. Gegenüber liegt das Gebäude eines weiteren Klosters von 1914. Im Zentrum der Anlage steht die bereits erwähnte **Wladimir-Kathedrale**. Sie wurde im Zweiten Weltkrieg zerstört und Mitte der 90er Jahre wieder im ursprünglichen byzantinischen Stil aufgebaut.

Chersones ist, wie alle antiken Städte, mit einem Netz rechtwinklig angelegter Straßen durchzogen. Pro Quartal standen drei bis vier zweistöckige Häuser. Das untere Stockwerk aus Stein war den Männern vorbehalten. Das obere aus Holz war für die Frauen gedacht. Eine Treppe entlang der Hausmauer führte in die zweite Etage auf eine Galerie.

Nahe der Küste stehen die weißen Marmorsäulen einer **Basilika** aus dem 4.–5. Jh. Die Basilika wurde 1935 freigelegt und die Säulen wieder aufgestellt. Teile der bemalten Wände befinden sich im Museum. An der Steilküste fällt eine **Glocke** auf, die zwischen zwei steinernen Säulen hängt. Sie wurde 1913 zufällig in der Kathedrale von Notre Dame entdeckt und als russische identifiziert. Sie war im Krimkrieg zum Umschmelzen konfisziert worden und nach Paris geraten. Chersones erhielt die Glocke zurück, die am Ufer aufgehängt wurde, um Schiffe bei Nebel zu warnen.

Bachtschissaraj

Einwohnerzahl: 30 000

Der Ausflug in die exotische, mittelalterliche Residenz der **Krim-Khane**, der von Sewastopol aus angeboten wird, lohnt sich schon wegen der Fahrt dorthin. Auf dem Weg nach Bachtschissaraj passieren Sie das Innerste der Hauptbucht von Sewastopol, wo der Fluss **Tschornja Retschka** (Schwarzes Flüsschen) mündet. Hier liegt auf einem Felsen jenseits des Flusses die Festung **Kalamita**, die zwischen dem 6. und 8. Jh. n. Chr. von den Genuesern errichtet wurde. Die Festung diente der Überwachung des Handelsweges nach Chersones.

Die Altstadt von Bachtschissaraj (tatarisch: Garten-Palast) liegt etwa 45 km nordöstlich von Sewastopol in einem malerischen Tal zwischen der äußeren und inneren Gebirgskette der Krimberge. Sie erstreckt sich terrassenartig über mehrere Kilometer entlang dem Fluss Tschuruk-Su auf einer einzigen Straße. Der tatarische Name des Flusses „Faules Wasser" geht auf die Gerber zurück, die hier einst im Fluss das Leder wuschen. Ausreichend mit Wasser versorgt, reift hier Obst aller Art von hervorragender Qualität. Die Weintrauben werden zu verschiedenen beliebten Weinsorten verarbeitet. Im Zentrum der Altstadt, die ihren orientalischen Charakter bewahrt hat, liegt jenseits des Flusses der unter Denkmalschutz stehende Gebäudekomplex Palast der **Krim-Khane**.

Davor steht ein kleiner Obelisk, ein sogenannter **Meilenstein der Katharina**. Als sich Katharina 1787 auf ihre große Reise durch Neurussland auf die Krim begab, hatte Potjomkin entlang der geplanten Reiseroute von Cherson nach Sewastopol auf dem Landweg hölzerne „Paläste" zum Ausruhen und Übernachten sowie Brücken zimmern lassen. Der Gebietsregent von Tauris kam zusätzlich auf die Idee, die Wegstrecke der Delegation zu markieren und alle 10 Werst (1 Werst = 1,067 km) einen Obelisk zu Ehren Katharinas aufzustellen. (Von ihnen sind fünf erhalten geblieben).

Am 20. Mai traf Katharina mit ihrem Gefolge im prächtig hergerichteten Palast ein. Hier verbrachte sie 3 Tage, bevor sie nach Sewastopol weiterreiste. Sie stiftete der 5 000 Seelen zählenden muslimischen Bevölkerung Bachtschissarajs noch zwei Moscheen, da die Polygamie der Tataren und der damit verbundene Kindersegen ihrer Besiedlungspolitik entgegenkam.

Der Palast der Krim-Khane

Ende des 15. Jh.beschloss der zum türkischen Vasall degradierte tatarische **Khan Hadshi-Girai**, seine Hauptresidenz von der Ostseite auf die Südwestseite der Krim zu verlegen. Er richtete sich zunächst auf der 18 Hektar großen Festung **Kyrk-Or** („Vierzig Befestigungen") ein, die schon im 6. Jh. auf einem Hochplateau von Nomadenstämmen gegründet worden war. Hadshis Sohn **Mengli-Girai** ließ 1501 einen Sommerpalast „Aschlama-Dere" und eine Medresse (Koranschule) am heutigen Ostrand von Bachtschissaraj errichten. Sie ist erhalten geblieben. Das Jahr 1501 gilt seitdem als Gründungsjahr von Bachtschissaraj, dessen 500-jähriges Jubiläum im Sommer 2001 gefeiert wurde.

Für den Bau eines großen Palastes erwies sich diese Stelle im Tal jedoch als zu eng. Dafür wählte Mengli-Girai einen Platz direkt am Fluss aus, wo zahlreiche Quellen frisches Wasser lieferten. Die Festung Kyrk-Or nutzen die Khane weiterhin als Zitadelle und Verlies für die Gefangenen.
Als Bauherrn suchte sich der Khan den bekannten italienischen Architekten **Aleviso Novi** aus, den er 1503 kidnappen ließ, als sich dieser auf dem

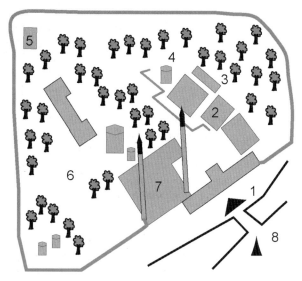

1. **Haupteingang**
2. **Großer Palast**
3. **Harem**
4. **Falkenturm**
5. **Mausoleum Diljara-Biketsch**
6. **Friedhof**
7. **Moschee**
8. **Meilenstein der Katharina**

oben: Das Schwalbennest – Wahrzeichen der Südküste der Krim
unten: Liwadija-Palast bei Jalta

oben links: **Liwadija-Palast – Italienischer Innenhof**
oben rechts: **Im Altarraum der Kreuzerhöhungskirche**
Foto: Podvalov
unten: **Blick auf Jalta vom Meer aus**

oben: **Im Zentrum von Jalta**
unten: **Kostümverleih an der Uferpromenade**

oben links: Der Klamottenmarkt in Jalta
oben rechts: Zentraler Obst- und Gemüsemarkt in Jalta
unten: Auf dem Gemüsebasar – Im Herbst sind Granatäpfel und Melonen der Verkaufsschlager.

Weg zu einer Auftragsarbeit an den Zarenhof nach Moskau begeben wollte. Der Khan hielt Aleviso Novi 15 Monate lang fest und ließ sich von ihm den ersten Teilabschnitt seines Palastes konstruieren.

Beim Bau des Palastes hatte Zweckmäßigkeit Vorrang vor Prunk. Er musste vor der Sommerhitze schützen und offen für das Grün des umgebenden Gartens sein. So entstand im Laufe der Jahre ein phantastischer, farbenfroher Palast mit vielen Brunnen, die kühles Wasser spendeten. Mittelasiatische und Stilemente der italienischen Renaissance sowie des Barocks harmonieren auf einzigartige Weise miteinander. Als es russischen Truppen im Verein mit Österreich 1736 gelang, Bachtschissaraj vorübergehend einzunehmen, standen der Ort und der Palast in Flammen. Er wurde rekonstruiert und durch eine **Moschee** mit zwei schlanken Minaretten ergänzt.

Nachdem Katharina II. die Krim 1783 annektiert hatte, ließ sie den Palast ab 1785 vollständig renovieren. Der letzte **Khan Schagin Girai** hatte es noch geschafft, alle Wertgegenstände ins türkische Exil mitzunehmen. Allein im 19. Jh. wurde der Palst noch fünfmal umgebaut – das letzte Mal in den 60er Jahren des 20. Jh. Übrigens haben es sich die russischen Zaren – mit Ausnahme von Katharinas Sohn Pawl I. – nicht nehmen lassen, den exotischen „Palast im Garten" zu besuchen.

Besichtigung der Palastanlage

Der Hof bildet das Zentrum der Palastanlage, auf dem sich das Heer des Khans versammelte. Von hier gehen alle Gebäude ab: rechts der eigentliche Palast und der Harem, links die Moschee und der Friedhof. Der älteste, im Original erhalten gebliebene Teil des Palastes, ist das **Botschafterportal** von Novi im italienischen Renaissancestil. Der Kalkstein ist mit dekorativen Elementen verziert, das Tor selbst aus Eichenholz mit schmiedeeisernen Beschlägen. Durch dieses Portal mussten ausländische Gesandte und Kaufleute eintreten, wenn sie beim Khan vorsprechen wollten.

Im **Rats- und Gerichtssaal** wurden von dem höchsten Rat des Khans – dem „Diwan" – alle innen- und außenpolitischen Fragen entschieden sowie Gericht gehalten. Über dem Eingang befand sich eine kleine, von unten nicht einsehbare Kammer, in die sich der Khan zurückziehen konnte, wenn er kein Interesse mehr an dem Verlauf der Verhandlungen hatte. Der Saal ist mit zwei Fensterreihen und farbigen Porzellankacheln an den Wänden ausgeschmückt.

Im Obergeschoss des Palastes befinden sich zahlreiche Räume mit farbenfrohen Wänden, geschnitzten, bunten Holzdecken und verzierten Fensterumrandungen. Dazu gehört auch der **Botschaftersaal**, in dem

Audienzen und Empfänge stattfanden. In weiteren Räumen ist ein Museum untergebracht, darunter eine Waffensammlung aus dem Fernen Osten.

Der Tränenbrunnen

Im überdachten Brunnenhof des Palastes plätschern zwei Brunnen mit den klangvollen Namen **Paradiesquelle** und **Tränenbrunnen**. Der Tränenbrunnen aus weißem Marmor wurde 1764 von dem persischen Meister Omer geschaffen. Er erinnert an die im selben Jahr jung verstorbene Diljara-Biketsch, die Lieblingsfrau des Khans. (Ihr Mausoleum – ein quadratischer Bau mit Kuppel – liegt im hinteren Teil der Grünanlage des Palasthofes). Im Zentrum einer Blüte befindet sich ein Auge, aus dem Tränen fließen. Sie rinnen in eine Schale, die ein Herz symbolisiert. Das dort überlaufende Wasser ergießt sich in zwei kleinere Schalen und verschafft dem Kummer Erleichterung. Doch nur von kurzer Dauer, denn das Wasser sammelt sich erneut in einer größeren Schale und fließt weiter. Die arabische Aufschrift in goldenen Buchstaben lobt die Vollkommenheit des Werkes des Künstlers Omer.

Der Tränenbrunnen

Der legendenumwobene Brunnen inspirierte den gerade unglücklich verliebten Dichter Alexander Puschkin, der Bachtschissaraj im September 1820 besuchte. Sein Gedicht „An die Fontäne von Bachtschissaraj", wurde bald zu einer beliebten Romanze vertont.

> „Brunnen der Liebe, lebendiger Brunnen!
> Ich brachte dir zwei Rosen zum Geschenk.
> Ich liebe dein nie verstummendes Murmeln
> und deine poetischen Tränen."

Aufgrund dieser Zeilen führte die Museumsleitung die Tradition ein, in die oberste Schale je eine rote und eine weiße Rose zu legen. Zum Gedenken an Puschkin wurde seine Büste neben dem Brunnen aufgestellt. 1934 schuf der Komponist **Assafejew** in Anlehnung an Puschkins Poem „Harem" das klassische Ballett „Die Fontäne von Bachtschissaraj".

Da der Name der Stadt auf diese Weise in die russische Kulturgeschichte eingegangen war, verzichtete man 1944 darauf, Bachtschissaraj in „Puschkingrad" umzubenennen. Nach der Befreiung der Krim im Mai 1944 wollte Stalin alle tatarischen Elemente auf der Krim elemininieren, da er die Krimtataren der Zusammenarbeit mit den deutschen Besatzern verdächtigte (s. auch INFO unten).

Die Moschee

Links des Eingangs zum Palastensemble liegt die Große Moschee **Büyük Dshami** von 1740, die in ihrem Grundriss ein Quadrat bildet. Ihre Inneneinrichtung ist schlicht und ohne jegliche Verzierung. Zu sowjetischen Zeiten diente sie als historisch-archäologisches Museum, wodurch der Moschee die Zerstörung durch Stalin erspart blieb. Seit 1993 wird die Moschee wieder von der muslimischen Gemeinde genutzt. Freitags um 13.00 Uhr ruft der Muezzin vom Minarett aus die Gläubigen zum Gebet.

Der Friedhof

Neben der Moschee befindet sich der verwilderte Friedhof **Mesarlik**, auf dem ab 1532 mehr als 300 Angehörige der Khane beigesetzt wurden. Die ersten Khane wurden in einer Nekropole außerhalb der Palastanlage beerdigt. Die marmornen Grabsteine der Männer schmückt ein Turban, manchmal auch ein militärisches Attribut, die der Frauen eine flache Kappe. Die Grabsteine sind mit arabischen, persischen und türkischen Elementen versehen. Dazwischen trifft man auf Sarkophage aus Kalkstein aus dem 14. und 15. Jh., die 1924 aus der Umgebung von Bachtschissaraj hierher gebracht wurden.

INFO: Krimtataren
Stalin befahl im Mai 1944, alle Krimtataren wegen mutmaßlicher Kollaboration mit den Nazis in Viehwaggons nach Mittelasien zwangsweise zu deportieren. Dies betraf neben den 192 000 Krimtataren noch 15 000 Griechen, 12 000 Bulgaren und 9 600 Armenier. Bei dieser Gewaltaktion kam etwa die Hälfte der Betroffenen ums Leben. Die rund 50 000 deutschstämmigen Krimbewohner waren bereits im August 1941 als potentielle Kollaborateure nach Mittelasien deportiert worden.

Alle Besitztümer der Deportierten wurden beschlagnahmt und in Staatsbesitz überführt. 1989 sprach der Oberste Sowjet unter Gorbatschow den Deportierten und deren Nachkommen das Rückkehrrecht auf die Krim zu, wovon sofort 85 000 Krimtataren Gebrauch machten. Diese massenhafte, unorganisierte Rückkehr führte jedoch zu erheblichen Problemen, die bis heute nicht gelöst sind. Eine menschenwürdige Unterbringung aller Rückkehrer war mangels finanzieller Unterstützung nicht möglich, so dass viele zur Selbsthilfe griffen und ohne Genehmigung drauflos bauten. Ein ungenügendes staatliches Hilfsprogramm sieht zwar Wohnraum überwiegend im Großraum Simferopol vor, aber keine Rückgabe der inzwischen anderweitig vergebenen Häuser und Landstücke der Vorfahren. Das Gleiche gilt übrigens auch für die Vertreter anderer ethnischer Minderheiten, die auf die Krim zurückgekehrt sind.

Vielen Krimtataren ist auch heute ein offizieller Erwerb von Land verwehrt, da sie noch nicht offiziell eingebürgert sind. Infolgedessen kommt es immer wieder zu illegalen Landbesetzungen, indem bei Nacht- und Nebelaktionen Zeltstädte oder kleine Hütten auf dem beanspruchten Gelände errichtet werden, mit dem Ziel, dass der Boden den Besetzern überschrieben wird. Diese Aktionen machten die Krimtataren nicht gerade beliebt, zwangen die Regierung aber in der Vergangenheit zu Kompromissen. 2007 hat das Parlament in Simferopol die Strafen für illegale Landbesetzungen erhöht.

Politisch brisant ist, dass sich die Krimtataren aufgrund ihrer jahrhundertelangen Ansiedlung auf der Krim als deren eigentliche Ureinwohner und rechtmäßige **Besitzer** *der Krim, die Russen hingegen als deren* **Besatzer** *betrachten. Damit stehen sie in direktem Gegensatz zur russisch-dominierten Regierung der Krim und der russischen Bevölkerungsmehrheit, die den Aktionen der Krimtataren ablehnend gegenübersteht.*

Tatarische Souvenirverkäuferin

Von Sewastopol nach Jalta

Zwischen Sewastopol an der Westküste und Jalta an der Südküste liegen 80 km. Sie verlassen Sewastopol in südöstliche Richtung durch einen Torbogen, der anlässlich der 200-Jahrfeier der Stadt 1983 errichtet wurde. Nach 6 km Fahrt erreichen Sie den 240 m hohen **Sapunberg**. In der Übersetzung heißt er „Seifenberg", da der Lehm dazu verwendet wurde, im Salzwasser des Meeres Wäsche zu waschen. Er diente auch zur Seifenproduktion.

Der Sapunberg bildet eine etwa 8 km lange, natürliche Barriere im Südosten der Stadt. Dieser Hügel und die davorliegende Ebene wurden zum Schauplatz erbitterter Gefechte im Zweiten Weltkrieg. Die deutschen Besatzer hatten auf dem Sapunberg ihre befestigte Stellung eingerichtet. Am Abend des 7. Mai 1944 gelang es den sowjetischen Truppen unter General Tolbuchin, den Sapunberg zu erobern und die Krim zu befreien. Der mit Metall übersäte, verbrannte Berg wurde in den 1950er Jahren neu bepflanzt, zum Gedenkkomplex erklärt und unter Denkmalschutz gestellt. Das Kernstück des 1959 eröffneten **Diorama-Museums** ist das 5,5 m x 25,5m Gemälde „Sturm auf den Sapunberg" in Lebensgröße. Neben dem Museumsgebäude sind Modelle von Panzern und anderem Kriegsgerät aufgestellt. Dahinter erinnern ein Obelisk und eine „Ewige Flamme" an die sowjetischen Gefallenen. 1994 wurde auf dem Gelände rechts der Straße die pyramidenförmige **St.Georgs-Kapelle** errichtet, die man vom Bus aus im Hintergrund erkennen kann.

St. Georgs-Kapelle

Dann öffnet sich ein Panorama über die Ebene von Balaklawa. Hier, wo in verschiedenen Kriegen blutige Schlachten tobten, wird heute Qualitätswein angebaut, der u. a. zur Herstellung von Krimsekt der Sorte Solotaja Balka dient.

INFO Krimsekt:

Die Wiege des „Krimskoje Schampanskoje" stand jedoch an der Ostküste der Krim in **Nowyj Swet** *(Neue Welt). Fürst* **Lew Golizyn** *gründete dort 1870 die erste Sektkellerei Russlands. Wegen seiner malerischen Lage hatten die* alten Griechen den Ort „Paradeisio" getauft. Golizyn ließ den Ort umbenennen, denn er wollte eine Parallele zu Kolumbus herstellen. Dieser hatte die „Neue Welt" Amerika entdeckt und er für Russland den Schampanskoje. (Die Methode der Flaschengärung, die „méthode champénoise", war erst nach 1800 in Frankreich entwickelt worden).

Höhle bei Nowyj Swet, in der im 19. Jahrhundert Sekt gelagert wurde.

Bei der Pariser Weltausstellung 1900 gewann Golizyns Sekt den Grand-Prix und wurde weltberühmt – ein schwerer Schlag für die Franzosen. Obwohl heute auch in Odessa, Kiew, Charkow und Artjomowsk schmackhafte Sektsorten aus Trauben der Krim hergestellt werden, gilt die Sorte „Nowyj Swet" unter einheimischen Liebhabern als die Beste. Entgegen der landläufigen Meinung, dass Krimsekt nur süß sei, gibt es ihn von „brut" bis „sladkoje"(süß). „Nowyj Swet" kostet im Laden umgerechnet etwa 8–10 €, fast doppelt soviel wie z. B. „Solotaja Balka".

Etwa 20 km von Sewastopol entfernt liegt rechts der Trasse an einem See die Ortschaft **Gontscharnoje**. Hier befand sich bis 1996 ein Schlagbaum der Miliz, die die Pässe der Besucher Sewastopols kontrollierte. Denn die Stadt war aufgrund ihres Status als Garnisionsstadt und Stützpunkt der Schwarzmeerflotte Sperrgebiet. Das erste Mal wurde Sewastopol übrigens schon 1804 geschlossen. Danach gab es bis 1996 insgesamt sieben Öffnungen und Schließungen. Auch Sowjetbürger bzw. Bürger der GUS durften Sewastopol nur mit schriftlicher Genehmigung betreten. Für westliche Ausländer war die Stadt bis 1994 sowieso tabu.

Links der Trasse führt ein Weg zu dem **zentralen, deutschen Soldatenfriedhof**.

Der deutsche Soldatenfriedhof bei Gontscharnoje

Nach dem Zweiten Weltkrieg, in dem allein auf der Krim mindestens 60 000 deutsche Soldaten gefallen sind, waren von den Sowjets alle deutschen Soldatenfriedhöfe eingeebnet worden. Erst mit dem Ende der Sowjetunion wurde es möglich, über eine würdige letzte Ruhestätte des ehemaligen Feindes überhaupt nachzudenken.

In Jalta gründete der Historiker und Schriftsteller **Wassilij Rybka** 1989 den Fonds Jug (Fonds Süd), der sich mit dem Schicksal auf der Krim vermisster bzw. gefallener deutscher Soldaten beschäftigt. In den ersten Jahren wurden die Friedhöfe und Gräber anhand von Karten und Befragungen der Anwohner aufgespürt und registriert, in Archiven nach den Namen der Vermissten gesucht und Karteien angelegt. Nachdem der Fonds Jug von der Ukraine Anfang der 1990er Jahre offiziell anerkannt wurde, ging man daran, die Gräber zu öffnen und die Gebeine anhand von Erkennungsmarken zu registrieren. Diese Arbeit erfolgte in enger Zusammenarbeit mit dem **Volksbund Deutsche Kriegsgräberfürsorge e.V.**, der bereits 1993 mit den Umbettungen begann.

Gedenkstein in drei Sprachen auf dem deutschen Soldatenfriedhof Gontscharnoje

Mit dem Inkrafttreten des deutsch-ukrainischen Kriegsgräberabkommens im Jahr 1997 wurde die Grundlage geschaffen, den Friedhof in einer Eichenwaldschonung nahe der Ortschaft Gontscharnoje errichten zu können. Das Gelände wurde der Regierung der Bundesrepublik Deutschland von der ukrainischen Regierung zur Verfügung gestellt. Der Volksbund Deutsche Kriegsgräberfürsorge e.V. erhielt den offiziellen Auftrag, den Friedhof 1998–1999 anzulegen.

Seit 2001 werden die Friedhöfe auf der Krim systematisch freigelegt und die sterblichen Überreste separat in kleinen Särgen auf dem zentralen Friedhof bei Gontscharnoje beigesetzt. Der Friedhof wurde Mitte September 2001 in Anwesenheit hoher deutscher und ukrainischer Regierungsvertreter offiziell eingeweiht. Ursprünglich geplant war die Anwesenheit von **Bundeskanzler Schröder** und **Präsident Kutschma**. Beide hatten kurzfristig wegen der Terroranschläge in New York absagen müssen.

Inzwischen haben hier etwa 18 000 deutsche Soldaten aus über 100 der insgesamt 370 Soldatenfriedhöfe auf der Krim ihre letzte Ruhe gefunden. Die Namen der Toten, die bis zum Zeitpunkt der Friedhofseröffnung identifiziert werden konnten, sind alphabetisch geordnet in Marmortafeln eingraviert. Steinkreuze verteilen sich über das Gelände. In einem Gebäude am Eingang zum Friedhof liegt ein Buch aus, in dem die Namen aller hier identifizierten Begrabenen festgehalten werden. Der Friedhof hat Platz für 40 000 Tote. Finanziert wird das Projekt vom Volksbund Deutsche Kriegsgräberfürsorge.

Volksbund Deutsche Kriegsgräberfürsorge e.V.
Werner-Hilpert-Str. 2
34117 Kassel
Tel. 0561-7009-0
Fax 0561-7009-222

Der zentrale deutsche Soldatenfriedhof bei Gontscharnoje

Groß-Jalta

Von Foros bis Alupka

Die Trasse verläuft oberhalb der Siedlung **Foros**, was in der Übersetzung aus dem Griechischen „Günstiger Wind" bedeutet. Sie haben jetzt das Verwaltungsgebiet von Groß-Jalta erreicht, das sich über 75 km lang zwischen den Orten **Foros** und **Gursuf** an der Küste erstreckt. Hier leben etwa 150 000 Menschen. Jalta ist das administrative Zentrum der Südküste.

Nach wenigen Kilometern fahren Sie durch den bizarren **Drachenfelsen**, der sich wie derselbige quer über die Straße legt. Er ist vulkanischer Herkunft und wäre Mitte des 19. Jh. fast dem Straßenbau zum Opfer gefallen. Doch man beschloss, das Naturdenkmal zu erhalten und einen 150 m langen Tunnel hindurch zu bauen.

Drachenfelsen

Die nächste größere Siedlung, die Sie passieren, ist **Beregowoje** (russ. bereg = Küste) mit dem malerisch an der Küste gelegenen **Iphigenienfelsen**. Der altgriechische Mythos von der „Iphigenie auf Tauris" ist vielfach literarisch verarbeitet worden – darunter auch von **Johann Wolfgang von Goethe**.

INFO: Iphigenie auf Tauris:
König Agamemnon ist bereit, seine Lieblingstochter Iphigenie zu opfern, um den Zorn der Artemis, der Göttin der Natur, zu besänftigen. Sie soll Winde schicken, um die Segel seiner Schiffe zu füllen. Doch Artemis empfindet Mitleid und versetzt Iphigenie nach Tauris. Hier opfert die Gerettete als treue Priesterin gestrandete Seefahrer, indem sie diese vom Felsen ins Meer wirft. Eines Tages gerät Iphigenies Bruder Orest nach Tauris und soll ebenfalls geopfert werden. Doch Iphigenie erkennt den Fremden im letzten Moment, und sie fliehen zusammen nach Attika.

Linkerhand erhebt sich jetzt die Steilwand von **Kastropol**. Über einen Gebirgspass mit dem Namen Schaitan Merdwen (Teufelstreppe) führt ein Pfad, der sich um die Steinbrocken des Passes windet. Im 2. Jh. n. Chr. war dies die alte Straße nach Chersones.

Sie passieren dann die Ortschaften Ponisowka und Kaziweli, wo sich in der **Blauen Bucht** Versuchsanlagen des Hydrophysikalischen Institutes befinden. In speziellen Bassins können alle Verhaltensweisen des Meeres von totaler Windstille bis Sturm simuliert werden.

Langsam nimmt die Besiedlung der Küste zu. Die naturbelassene Landschaft geht allmählich in eine einzige Parkanlage über, zwischen denen sich zahlreiche Sanatorien verstecken. Vor Ihnen liegt der **Berg Koschka** (russ. Katze). Auf der Rückfahrt nach Sewastopol werden Sie erkennen, dass die Form des Berges tatsächlich an eine Katze erinnert, die in Lauerstellung vor einem Mauseloch wartet. Der Berg ist vulkanischer Herkunft und 500 m hoch.

Auf dem Katzenberg befasst sich seit Anfang des 20. Jh. eine Zweigstelle des Astrophysikalischen Krim-Observatoriums mit der Erforschung kleinerer Planeten und aktuellen Fragen der Solarphysik. Am Westhang des Berges wurde 1987 die größte taurische Begräbnisstätte der Südküste entdeckt. Außer etwa 30 „steinernen Kästen" fand man mehr als 4 000 Gegenstände und wertvollen Schmuck.

Hinter dem Katzenberg liegt der Ort **Simeis**, der 1910 auf Initiative eines Gutsbesitzers als Feriensiedlung errichtet wurde. Die auffällige Form der Felsen hier hat schon immer die Aufmerksamkeit der Menschen erregt, und den Seefahrern dienten sie als Orientierung. Deshalb erhielt der Ort die Bezeichnung „Simeis", was im Griechischen „Kennzeichen" bedeutet.

Alupka

Neben Jalta ist Alupka die zweite Stadt an der Südküste. Sie erstreckt sich 16 km westlich von Jalta über 4,5 km längs der Küste.
Der Ort wurde 960 erstmals erwähnt. Der Name ist von dem griechischen Wort „Alepu" (Fuchs) abgeleitet.

Der Woronzow-Palast

Die Südküste, insbesondere Alupka und Jalta, erregten nach dem Anschluss der Krim an das Russische Reich die Aufmerksamkeit der Adligen. Katharina bezeichnete die Krim euphorisch als „Perle in der Krone Russlands". Ihr Günstling Fürst Potjomkin hatte die Krim in Verkennung der Dinge zuvor noch als „die Warze an der Nase Russlands" bespöttelt. Wissenschaftler aus ganz Russland und dem Ausland wurden noch von Katharina II. damit beauftragt, geographische und andere Untersuchungen anzustellen. Darunter war auch der in Berlin geborene **Peter Pallas**. Aus den Forschungsergebnissen zogen die Zaren den Schluss, selbst über diese herrlichen Ländereien verfügen zu wollen. Auch adlige Würdenträger wurden großzügig bedacht. Allein Potjomkin erhielt 13 000 Landparzellen zwischen Alupka und dem Baidartal.

1823 schaffte sich der gerade zum Generalgouverneur Neurusslands ernannte **Fürst Michail Woronzow** Alupka an und beschloss, hier seine Hauptresidenz errichten zu lassen. Der britische Hofarchitekt **Edward Blore**, der schon am Umbau des Buckingham-Palastes beteiligt war, erhielt den Auftrag, den Palast zu projetieren. 1848 war das phantastische Ensemble aus mehreren Gebäuden unterschiedlicher Stilrichtungen fertiggestellt. Der Palast mit Mauern und Türmen aus graugrünem Krimdiabas trägt typische Züge eines englischen Schlosses. Von Westen gesehen erinnert er an eine mittelalterliche Burg, die nördliche Fassade entspricht dem Stil der frühen englischen Renaissance. Das Südportal mit einer von Löwen flankierten Freitreppe ist der großen Moschee von Delhi nachempfunden. 1921 wurde der Palast mit seinen 150 Räumen in ein Museum umgewandelt. Von der Trasse aus ist der Palast an der Küste zu sehen.

Fürst Michail Woronzow

Der Woronzow-Palast

Über Alupka erhebt sich majestätisch der Berg **Aj-Petri** (griech. Heiliger Petrus) mit seinen auffälligen Zacken. Das gesamte Jaila-Gebirge der Krim lag einst als Korallenriff wie eine riesige Barriere auf dem Meeresgrund. Das hier bis zu 1 233 m hohe Gebirgsplateau wurde jahrhundertelang als Weidefläche genutzt. Seit 1987 ist eine Seilbahn auf den Aj-Petri in Betrieb.

oben: **Der „Katzenberg"**, s. Seite 154
unten: **Alupka liegt zu Füßen des Berges Aj-Petri**

Das Schwalbennest

Das zum Wahrzeichen der Südküste gewordene „Schwalbennest" **Lastotschkino Gnesdo** „klebt" etwa 10 km vor Jalta auf dem Kap Aj Todor auf dem 38 m hohen Aurora-Felsen. Es hat seine eigene, interessante Geschichte: Ende des 19. Jh. kehrte ein General aus dem Russisch-

Das Schwalbennest

Türkischen Krieg zurück. Sein Lieblingsplatz war der exponierte „Aurora-Felsen" auf dem Kap Aj-Todor. Dort errichtete er bald eine hölzerne Datscha, die im Volksmund „Generaliff" genannt wurde. Später erwarb die Datscha eine reiche Moskauer Dame namens Rachmanowa, die dem Häuschen den Namen „Schwalbennest" gab. 1911 verkauft sie ihr „Nest" dem deutschen Erdölproduzenten **Baron von Stengel**. Dieser beauftragte den Architekten Sherwood, ein steinernes Schlösschen im Stil mittelalterlicher Ritterburgen, wie sie am Rhein vorkamen, zu bauen. 1912 war das malerische Bauwerk mit massivem Turm, Zinnen und Schießscharten fertig.

Bei dem heftigen Erdbeben von 1927 wurde das Gebäude stark beschädigt. Es bildeten sich Risse, die Stützpfeiler der Terrasse sowie ein Teil der Felswand stürzten ins Meer. 1968 begann man mit den Restaurierungsarbeiten, wozu das Schloss Stein für Stein abgetragen werden musste. Der Felsen wurde stabilisiert und gegen Erdbeben abgesichert. 1971 konnte das Schlösschen, ergänzt durch neue dekorative Details und spitze Türmchen, wieder eröffnet werden. Heute befindet sich ein teures, italienisches Restaurant darin.

Der Liwadija-Palast

Die Kurortzone Liwadija liegt nur 3 km von Jalta entfernt am Fuße des Berges **Mogabi**. Hier befand sich im Mittelalter eine Siedlung namens „Luzaika" (griech. Wiese).

1834 kaufte der polnische Magnat Lew Potocki die Siedlung und baute sich ein Palais. Nach dessen Tod 1860 erwarb Zar **Alexander II**. das Gelände, um sich hier eine Sommerresidenz zu errichten. Bald darauf entfaltete sich eine rege Bautätigkeit unter dem Hofarchitekten Moniguetti, der von 1862–66 ein Palastensemble mit Großem und Kleinem Palast sowie 60 Gebäuden schuf.

Der Liwadija-Palast

1909 beschloss Zar **Nikolaj II.**, den durch Grundwasser beschädigten Großen Palast abreißen und durch einen neuen ersetzen zu lassen. Der mit den komplizierten Bodenverhältnissen vertraute Jaltaer Architekt **Krasnow** erhielt den Auftrag.

Der Palast wurde in der Rekordzeit von nur 17 Monaten von 2 500 Bauleuten errichtet. Im September 1911 war der „Weiße Palast" fertig. Es handelt sich um ein wunderbares Baudenkmal aus Kalk- und Sandstein mit originellen Verzierungen, Innenhöfen und Galerien, überwiegend im Stil der italienischen Renaissance des 16. Jahrhunderts

1920 erließ **Lenin** ein Dekret „Über die Nutzung der Krim zur Behandlung von Werktätigen", das die Grundlage für die Verstaatlichung sämtlicher Besitztümer der Adligen und deren Umwandlung in Sanatorien bot. 1925 wurde die Liwadija-Palastanlage zum Bauernsanatorium umfunktioniert. Lenins Bruder und Arzt D.I. Uljanow kam an die Spitze der Zentralen Kurverwaltung.

Der Konferenztisch von Jalta

Vom 4.–11. Februar 1945 wurde im Palast Geschichte geschrieben, als hier die **Krimkonferenz** der Staatsoberhäupter der drei Großmächte mit Teilnahme von **Stalin** (UdSSR), **Roosevelt** (USA) und **Churchill** (Großbritannien) tagte. Hier fiel am Runden Tisch der Beschluss, Deutschland in vier Besatzungszonen aufzuteilen – unter der Voraussetzung, dass als vierte Großmacht auch das zu diesem Zeitpunkt noch besetzte Frankreich zustimmen würde. Die Sitzungen fanden im 218 m² großen „Weißen Saal", dem Paradesaal aus weißem Marmor statt. Der Runde Tisch steht seit einigen Jahren vor dem Saal.

Als US-Präsident Richard Nixon im Vorfeld seines Besuchs der Sowjetunion 1974 den Wunsch äußerte, den Saal der Krimkonferenz zu besichtigen, wurde der Große Palast zum Museum umfunktioniert. In den meisten anderen Gebäuden der Anlage befinden sich immer noch ein Sanatorium für Herzkranke, ein Krankenhaus und andere klinische Einrichtungen.

Die Ausstellung im Liwadija-Palst besteht aus zwei Teilen. Die unteren Räume sind so eingerichtet wie zur Zeit der Krimkonferenz, als hier die amerikanische Delegation wohnte. (Die Briten waren im Palast von Alupka, die Russen im Palast von Koreis untergebracht). Die oberen Räume berichten aus dem Leben der letzten Zarenfamilie. **Nikolaj II**., seine Frau Alexandra Fjodorowna und ihre fünf Kinder Olga, Tatjana, Maria, Anastassija und Alexej – hatten bis zum Ausbruch des Ersten Weltkrieges 1914 zweimal im Jahr Ferien in Liwadija verbracht.

Das Schicksal der letzten Romanows

Nikolaj II. übernahm 1915 den Oberbefehl über das russische Heer, ohne dass es zu greifbaren militärischen Erfolgen kam. Nach der bürgerlich-liberalen **Februarrevolution** musste er im März 1917 abdanken und kam – wie alle Romanows – unter Hausarrest. Eine Ausreise zu seiner adligen Verwandschaft nach England – seine Mutter und die englische Königsmutter waren Schwestern – wurde ihm von der Provisorischen Regierung unter **Kerenskij** verweigert.

Dann siegten im Oktober 1917 die Bolschewiki. Die Zarenfamilie wurde nach Jekaterinburg in den Ural gebracht und dort im Sommer 1918 erschossen. Wer den Befehl dazu gab, ist bis heute nicht geklärt, denn das Dokument ist verschwunden. Die Leichen wurden in einen nahe gelegenen Sumpf geworfen. 1991 fand man das Grab, und die

Nikolaj II. im Kreise seiner Familie

Gebeine wurden untersucht. Anhand einer vergleichenden Genanalyse mit britischem Adelsblut konnte man feststellen, dass auch **Anastassija** unter den Getöteten war. Immer wieder waren Frauen aufgetaucht, die von sich behauptet hatten, als jüngste Zarentochter das Massaker überlebt zu haben.

Von der aus 60 Personen bestehenden Dynastie der Romanows konnten sich nur diejenigen retten, die sich zum Zeitpunkt der Revolution im Ausland oder weit weg von St. Petersburg aufhielten. Darunter war die „Krimer Gruppe", zu der u. a die Zarenmutter sowie Nikolajs II. Schwester und deren Familie gehörten. Nach und nach trafen die Romanows ab März 1917 auf ihren Schlössern westlich von Liwadija ein. Sie standen unter Hausarrest, durften sich jedoch untereinander besuchen.

Als im März 1919 der Sieg der Roten Armee auf der Krim bevorstand, ließ der britische König Georg V. die „Krimer Gruppe" mit dem Schlachtschiff „Marlborough" evakuieren. Während des von Anfang 1918 bis Ende 1920 dauernden Bürgerkrieges wurden insgesamt 19 Mitglieder der Dynastie Romanow erschossen. Die anderen verteilten sich über ganz Europa, darunter Frankreich, England, Serbien, Rumänien und Dänemark.

Die Kreuzerhöhungskirche

An die Westfassade des Palastes schließt die Kreuzerhöhungskirche im Stil der byzantinischen Kirchen des 12.–14. Jh. an. Sie wurde 1866 auf Wunsch von Maria Alexandrowna, der Gattin Alexanders II., errichtet. Alexander III. ließ später noch einen Glockenturm mit sechs Glocken bauen, der in seiner Form an eine Miniatur der Kirche erinnert.

Am 20. Oktober 1894 wurde hier die Totenmesse für **Alexander III**. gelesen. Am nächsten Tag fand die Inthronisierung von Zar **Nikolaj II**. statt. Hier nahm seine deutsche Frau – die Prinzessin Alice von Hessen-Darmstadt – den russisch-orthodoxen

Die Kreuzerhöhungskirche

Glauben und den Namen **Alexandra Fjodorowna** an. Mit der Errichtung der Sowjetmacht auf der Krim 1920 wurden die Gottesdienste eingestellt. Alle Wertgegenstände kamen nach Moskau, die Glocken und das Kreuz wurden eingeschmolzen und die Heiligenbilder an den Wänden übermalt. Danach diente die Kirche als Lager und als Werkstatt. 1991 wurde die Kirche erneut geweiht, die Pforten für die Gläubigen wieder geöffnet und die zerstörte Inneneinrichtung originalgetreu rekonstruiert. Auffallend ist die blaue, mit goldenen Sternen geschmückte Kuppel.

Zar Nikolaj II. mit seiner Frau Alexandra Fjodorowna bei der Krönung

Jalta

Einwohnerzahl: 77 000

Die Legende sagt, dass in alten Zeiten griechische Schiffe auf der Suche nach neuem Land im Schwarzen Meer in einen schweren Sturm gerieten und vom Kurs abkamen. Als die Seeleute schon alle Hoffnung auf Rettung aufgegeben hatten, sichteten sie Land und riefen: „Jalos!" (griech. Ufer). Die Griechen ließen sich auf dieser günstigen Erde nieder und gründeten in engster Nachbarschaft mit den Tauriern ihre Siedlungen.
Die Legende dürfte von der Wahrheit nicht weit entfernt sein. Die Existenz einer griechischen Kolonie ab dem 4. Jh. v. Chr. konnte wissenschaftlich nachgewiesen werden. In mittelalterlichen Dokumenten und in Karten tauchten ab dem 12. Jh. Bezeichnungen wie Gialita, Etalita, Kalita und Dshalita auf. Ende des 15. Jh. eroberten die Türken die Gebiete.

1783 bestand Jalta aus 13 Fischerhütten und einer kleinen Befestigung, die unter General **Suworow** 1777 angelegt worden war. 1833 begann man mit dem Bau einer Mole, die aber immer wieder fortgespült wurde. Es dauerte noch fast 60 Jahre, bis endlich eine solide Hafenanlage den Stürmen standhielt. Als 1835 die Fernstraße nach Simferopol fertiggestellt worden war, ging es mit der Weiterentwicklung bergauf. Jalta erhielt 1837 auf dem Polikurhügel die erste russisch-orthododoxe **Kirche des Johannes Chrysostomos** (russ. Slatoust) mit separatem Glockenturm. Im März 1838 wurde Jalta zur Stadt erklärt. Bei ihrer offiziellen Gründung hatte Jalta drei Straßen, 36 Häuser und 224 Einwohner.

Nachdem 1866 der Liwadija-Palast als Sommerresidenz des Zaren und 1873 die Eisenbahnlinie nach Simferopol fertiggestellt waren, entwickelte sich Jalta zu einem Modekurort der Aristokratie und des Geldadels. Würdenträger des Zaren ließen an den Küsten Villen und Paläste bauen, Geschäftsleute erwarben bei den Adligen Land und errichteten Hotels, Restaurants, Casinos, Geschäfte und Sanatorien. 1886 wurde die **Uferpromenade** ausgebaut und mit Felsgestein verstärkt.

Gleichzeitig entwickelte sich Jalta unter dem Hofarzt **Sergej Botkin** und **Wladimir Dmitrijew**, der sich mit der heilenden Wirkung von Seewasser, Sonne und Luft auskannte, zum **Klimakurort**. Die geschützte Lage Jaltas in einer von Bergen umgebenen Bucht, die sauerstoffreiche Luft der Nadelwälder, das Salz des Meerwassers und die Kraft der Sonne bieten bis heute ideale Voraussetzungen für die Behandlung von Atemwegs- und Herzkrankheiten. In Groß-Jalta gibt es heute etwa 170 Sanatorien.

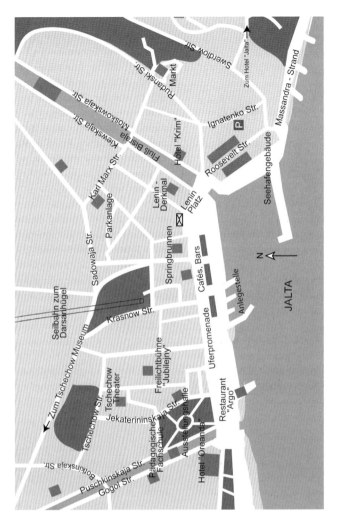

Groß-Jalta hat eine Fläche von 283 km², 21 Siedlungen und die Stadt Alupka.

Partnerstadt im deutschsprachigen Raum ist Baden-Baden (seit 2000).

Chrysostomus-Kirche

Auf Anraten seiner Ärzte ließ sich 1898 der Arzt, Humanist und Schriftsteller **Anton Tschechow** in Jalta nieder. Er litt an Tuberkulose, die er sich 1890 auf einer Reise nach Sibirien und der Besichtigung von Gefängnissen und Straflagern dort zugezogen hatte. Er sorgte dafür, dass ein Sanatorium für mittellose Lungenkranke errichtet wurde, die in Scharen in Hoffnung auf Heilung nach Jalta strömten.

In seiner „Weißen Datscha" (heute Tschechow-Museum) am Stadtrand Jaltas entstanden die Bühnenstücke „Drei Schwestern", „Der Kirschgarten" sowie verschiedene Novellen. Tschechow starb 1904 in Badenweiler an seiner Krankheit und fand seine letzte Ruhestätte in Moskau.

Stadtbummel in Jalta

Die Orientierung in Jalta fällt nicht schwer. Die Uferpromenade, das Zentrum Jaltas, wird von den zwei Flüssen **Bystraja** (russ. schnell) und **Wodopadnaja** (russ. wodopad = Wasserfall) begrenzt. Östlich davon liegt der Hafen, westlich davon der **Küstenpark**.

Massandra-Strand

Beginnen wir die Stadtbesichtigung mit dem Hafen (russ. „Morskoj Woksal" oder einfach Port), wo wahrscheinlich auch Ihre Busse stehen. Das heutige Hafengebäude wurde 1936 errichtet. Es liegt an der **Uliza Roosevelta**, einer der ältesten Straßen Jaltas. Sollten Sie die Zeit in Jalta zum Baden nutzen wollen, liegt hier ganz in der Nähe – hinter der kleinen Kapelle – der **Massandra-Strand**. Sollte Ihr Schiff an der Uferpromenade festgemacht haben, orientieren sie sich am **Lenindenkmal** direkt gegenüber.

Auf dem Weg zum Strand treffen Sie zunächst auf ein beliebtes Selbstbedienungscafé, das nach dem Vornamen seines armenischen Besitzers **U Gamleta** (bei Hamlet) genannt wird. Das Erfolgsrezept des Familienbetriebes – Ehefrau und Tochter Mané sind mit von der Partie – lautet: günstige Preise und gute Qualität. Hier gibt es das billigste Bier (ca 1 € für 0,5 l)und die besten **Tschebureki** Jaltas. Die mit Hackfleisch oder Käse gefüllten Teigtaschen werden frisch in Öl gebacken und sind eine tatarische Spezialität.

Der Eintritt zum Massandrastrand ist kostenlos, aber etliche der durch Wellenbrecher abgetrennten Strandabschnitte sind an Privatleute verpachtet. Diese nehmen für die Benutzung – Liege und Sonnenschirm inbegriffen – stolze Eintrittspreise von umgerechnet 10 US-Dollar.

Zurück zur Kapelle: Hier macht die Rooseveltstraße einen Bogen nach oben. Nach etwa 50 m stoßen Sie auf den **Appartementsilo** „Edinburgh-Tower". Dieser heftig umstrittene Neubau wurde 2005/06 im historischen Zentrums Jaltas direkt vor der **Chrysostomus-Kirche** errichtet. Für die Appartements wurden 2008 mehr als 5 000 US-Dollar pro Quadratmeter gefordert. Hier beginnt die Drashinskij-Straße, die nach etwa 2 km zum **Hotel Jalta** führt.

Appartementhaus „Edinburgh-Tower"

Überhaupt überziehen seit 2006 neureiche Investoren Jalta und die gesamte Südwestküste mit Neubauten aller Couleur. Ziel ist, vor allem Zweitwohnungen schnell und gewinnbringend an zahlungskräftige Klientel aus Russland und der Ukraine zu bringen. Dabei werden nicht nur Naturschutz und Baubestimmungen umgangen, sondern auch horrende Bestechungsgelder für besonders begehrte Landstücke bezahlt. Es ist zu erwarten, dass wegen der Wirtschaftskrise 2008 viele dieser Baustellen auf unbestimmte Zeit brachliegen werden.

Zum **Stadtbummel** gehen Sie die Rooseveltstraße nach links. Gegenüber dem Hafengebäude liegt eine Treppe, unterhalb der sich eine Toilette befindet. Da die meisten öffentlichen WC bewirtschaftet werden (Benutzungsgebühr 50 Kopeken bis 1 Griwna), sind diese Stehtoiletten einigermaßen sauber. Meistens fehlen allerdings die Türen. Es gibt auch mobile Chemietoiletten. Links neben der Treppe liegt das **Hotel Bristol**. Dieses lassen sie rechts liegen. Etwas weiter befindet sich in Haus Nr. 6 ein kleines **Antiquitätengeschäft**, das alte Samoware, Ikonen, Orden etc. verkauft (Achtung: die Ausfuhr ist strengstens verboten!). Souvenirs kaufen Sie besser ein Geschäft weiter, das neben Schreibwaren auch Schmuck, Porzellan, Matrjoschkas etc. anbietet. An der Ecke befindet sich eine **Aphotheke**.

Kurz vor der Brücke über den Fluss Bystraja liegt links der ehemalige Seemannsclub, in dem jetzt eine **Bank** untergebracht ist. Wenn Sie die Brücke nicht überqueren, sondern nach rechts die **Uliza Moskowskaja** hochgehen, treffen Sie an der nächsten Kreuzung rechterhand auf eine kleine Grünanlage. An deren Ende rechts liegt der **Weschewoj Rynok** („Klamottenmarkt"), wo vor allem Kleidung, Schuhe und Kosmetikartikel verkauft werden.

Hinter der Brücke über den Bystraja liegt links eine Filiale von **Mc Donalds**, die über eine frei zugängliche **Toilette** nach westlichen Maßstäben verfügt. Der Platz trägt seinen Namen nach dem Revolutionsführer **Lenin**, dessen Statue sich unübersehbar oberhalb dessen erhebt. Sie wurde 1954 hier aufgestellt und hat den Zusammenbruch der Sowjetunion unbehelligt überstanden. Der Leninplatz wird gern von Kindern und Jugendlichen aller Altersgruppen genutzt, um Inline-Skates und anderes Sportgerät auszuprobieren.

Links des Platzes liegt im ersten Häuserblock der Promenade das **Hauptpostamt**. Über den Weg rechts daneben gelangen Sie durch eine Unterführung zum Rathaus und dem dahinter liegenden **Kaufhaus** (Zentralny Uniwermag bzw. ZUM).

Erwähnenswert im ersten Häuserblock ist das gut sortierte Juweliergeschäft, in dem es neben Gold- und Silber- auch Modeschmuck und Uhren gibt. Dann stoßen Sie auf einen kleinen Platz mit Springbrunnen. Hier reiht sich ein Café an das andere.

Sollten Sie Lust auf einen Imbiss oder ein kühles Bier haben, empfehlen wir Ihnen die kleine **Blinaja** am Ende des Platzes. Halten Sie sich rechts an der Hauswand an einem Pizzastand vorbei. Der Baldachin links mit Holztischen und Bänken gehört zu dem Café, das sich auf „Blinys", d. h. dünne Pfannkuchen mit verschiedenen Füllungen, spezialisiert hat. Es gibt sie hier in zahlreichen Varianten mit Kaviar (russ. ikra), Hackfleisch, Pilzen, Käse, Honig etc. Ukrainisches Bier („ukrainskoje piwo") ist hier nicht teurer als 1,50 bis 2 Euro (umgerechnet) für 1/2 Liter.

Leninplatz an der Uferpromenade

Auch im nächsten Gebäudekomplex befinden sich zahlreiche Straßencafés. An Imbissständen können Sie „Schauarma", die hiesige Variante des Chicken-Döner kaufen. Es sind auch tatarische **Tschebureki**, in Fett gebackene Teigtaschen mit Hackfleisch oder Käsefüllung, im Angebot.

Im letzten Teil des Gebäudekomplexes an der Uferpromenade liegt ein großes Lebensmittelgeschäft. Rechts daneben führt eine schmale Gasse nach oben, die Sie zu der Talstation der **Seilbahn** führt. Diese bringt Sie preiswert in 10 Minuten auf den **Darsanhügel**, den zentralen Stadthügel Jaltas. Sie wurde 1967 errichtet. Die Fahrt in den offenen Doppelsitzern bietet interessante Einblicke in Jaltaer Hinterhöfe. Auf dem Hügel befindet sich ein Restaurant, dahinter entsteht ein neues Hotel.

Seilbahn zum Darsanhügel

Rechts neben der Talstation liegt das **Hotel Tawrida**, das älteste und komfortabelste der Südküste. Es wurde 1875 als Hotel „Rossija" gegründet. Hier stiegen bevorzugt Künstler und Dichter ab, deren Namen in einer Steintafel festgehalten sind. Nach jahrelangem Leerstand und Verfall wurde es luxussaniert und 2007 der Hotelbetrieb wieder aufgenommen.

Wenn Sie nach links parallel zur Uferpromenade weitergehen, stoßen Sie auf die **Uliza Krasnowa**, benannt nach dem bekannten Jaltaer Architekten.

Vor Ihnen liegt die **Villa Elena**, in der zu sowjetischen Zeiten die städtische Poliklinik untergebracht war. Inzwischen ist es ein gut bewachtes Hotel der Luxusklasse.

Gehen Sie nach links zurück zur Uferpromenade und dann weiter nach rechts. An der nächsten Ecke stoßen Sie auf die **Uliza Morskaja**. Linkerhand befindet sich die Anlegestelle für **Ausflugsboote**, die im Linienverkehr nach Westen über das **Schwalbennest** bis nach **Alupka** fahren, bzw. nach Osten über den **Botanischen Garten** nach **Gursuf**.

Von der Uliza Morskaja zweigt nach etwa 100 m links die **Uliza Tschechowa** ab, eine der romantischsten Straßen Jaltas mit alten Villen mit geschnitzen Balkons und Veranden. Haus Nr. 10 ist die 1885 geweihte **Deutsche-Evangelisch-Lutheranische Kirche**, deren Bau auf eine Spende von Kaiser Wilhelm I. zurückgeht. 1923 wurde die Kirche geschlossen und hier ein Schachklub eingerichtet. Seit 1993 gehört sie wieder der Lutheranischen Gemeinde.

Über die Uliza Morskaja gelangen Sie geradeaus zu der **Alexander-Newskij-Kathedrale**. Durch die Unterführung erreichen Sie die andere Seite der Kirowstraße. Die reich verzierte Kathedrale wurde 1891–1902 im altrussischen Stil des 17. Jh. nach den Plänen von Krasnow und **Schapowalow** errichtet. Anlass war das 10. Todesjahr Alexanders II., der 1881 einem Attentat zum Opfer gefallen war. Ein Mosaik des Feldherrn und Fürsten Alexander Newskij (1220–1263) ist in die Außenwand der Kathedrale eingefügt. Dieser wird als Heiliger der Russisch-Orthodoxen Kirche und Engel von Alexander II. verehrt.

Wieder zurück auf der Uferpromenade, passieren Sie jetzt den letzten Gebäudeblock. Dann weitet sich die Promenade. Im Hintergrund liegt ein modernes Betongebäude, das 1971 errichtete **Sommertheater** mit 2500 Zuschauerplätzen. Hier gastieren in der Hauptsaison die bekanntesten Popstars der GUS.

Restaurantschiff Argo/Solotoje Runo

Schräg gegenüber sehen Sie auf einem Wellenbrecher das 2001 errichtete Restaurantschiff **Argo**. Gemäß der griechischen Mythologie brachen die Argonauten mit ihrem Schiff Argo nach Kolchis an der Ostküste des Schwarzen Meer auf, um das „Goldene Vlies", das Fell des Gol-

o.l.: **Evangelische Kirche**
m.l.: **Katholische Kirche**
u.: **Uferpromenade**

o.r.: **Alexander-Newskij-Kathedrale**
m.r.: **geschnitzter Balkon**

denen Widders, nach Griechenland zu holen. Während dieser Reise stießen Sie auch auf die Küste der Krim und ließen Beschreibungen von dieser zurück.

Bald haben Sie das Ende der Uferpromenade erreicht. Vor dem Flüsschen „Wodopadnaja" geht rechts die **Uliza Puschkina** mit Verkaufsständen ab. Ein Abstecher in die, im Vergleich zur Uferpromenade ruhige und vor allem schattige Straße, lohnt sich. Hier treffen Sie auf zahlreiche Maler, die für wenig Geld Portraits anfertigen oder Gemälde verkaufen. Gebäude Nr. 25 ist die **Römisch-Katholische Kirche**, die 1906–1907 unter Mitwirkung von Krasnow im neogotischen Stil gebaut wurde. Seit 1992 finden hier wieder Gottesdienste und Orgelkonzerte statt.

Das Hotel Oreanda

Jenseits der Brücke, wo die Uferpromenade in den Küstenpark übergeht, sehen Sie ein dreistöckiges, halbrundes Gebäude mit blau überdachten Balkonreihen – das **Fünf-Sterne-Hotel Oreanda**. Das Gebäude wurde 1909 als exklusives Hotel errichtet, 1984 komplett renoviert und 2001 luxussaniert. Es verfügt über 120 Zimmer und Luxusappartements.

Gegenüber dem Hotel ist ein Segelschiff am Ufer aufgebockt. Es handelt sich um die **Hispaniola**, die nach alten Zeichnungen auf einer modernen Werft gebaut wurde. Sie diente einst zu Aufnahmen für den Film „Die Schatzinsel". In dem Schiff war schon zu sowjetischen Zeiten ein Restaurant des Hotels Oreanda untergebracht.

Der hier anschließende Küstenpark wurde nach dem Zweiten Weltkrieg mit Freilichtbühne, Tennis- und Tanzplätzen angelegt. Unterhalb des Parks liegen die öffentlichen Strände von Jalta.

Zeittabelle

862 Die Waräger **Askold** und **Dir** lassen sich in Kiew am Dnjepr nieder und gründen die **Kiewer Rus**.

978 Regierungsantritt **Wladimirs I.**, der nach seinem Tod heilig gesprochen wird.

988 Feldzug Wladimirs I. auf die Krim und Eroberung von Chersones. Annahme des **Christentums** griechisch-orthodoxer Prägung. Wladimir bringt das Christentum nach Kiew.

1036 Regierungsantritt **Jaroslaws des Weisen** (bis 1054)
1240 Die **Mongolen** zerstören Kiew.

1362 Das **Großfürstentum Litauen** erobert Kiew und große Teile des Kiewer Reiches.

1385 **Litauen verbündet** sich mit dem katholisch geprägten **Königreich Polen**.
1453 Die Türken erobern **Konstantinopel**.

1475 Türkische Truppen erobern mit Hilfe der **Tataren** die **Krim**, die Gebiete um das gesamte Asowsche Meer sowie weite Gebiete östlich des Dnjepr.

1569 **Realunion von Lublin**. Litauen und **Polen** vereinigen sich zu einem Staat.

1596 Kirchenunion von Brest. Es entsteht die **Unierte Kirche**.
1620 Die Kosaken treten geschlossen der orthoxen Kiewer Bruderschaft bei.

1648 **Kosakenaufstand** unter **Bogdan Chmelnizkij**; Gründung eines eigenen ukrainischen Staatswesens, des **Hetmanats**.
1654 Vertrag von Perejaslaw: Die Kosaken unterstellen sich mit ihrem Hetmanat dem Schutz des Zaren.

1667 Waffenstillstand zwischen Russland und Polen-Litauen; Ukraine wird gemäß dem Verlauf des Dnjepr in rechts- und linksufrig aufgeteilt.

1709 Schlacht von Poltawa, in der Russland gegen Schweden siegt.

1768 **Erster Russisch-Türkischer Krieg** bis 1774. Russland erhält **Zugang** zum **Schwarzen Meer**.

1772 In insgesamt **drei Polnischen Teilungen** bis 1795, von denen Russland, Österreich und Preußen profitieren, fallen etwa 475 000 km² polnisches Gebiet an Russland, darunter Weißrussland und Litauen.

1775 **Die Saporoshjer Setsch** wird gewaltsam aufgelöst.

1783 Anschluss der **Krim** an das Zarenreich.

1787 **Zweiter Russisch-Türkischer Krieg** bis 1792. Russland erringt das Küstengebiet am Schwarzen Meer zwischen dem Südlichen Bug und dem Dnjestr.

1830 „Rest-Polen" geht an Russland.

1854 **Krimkrieg** gegen die Türkei, Großbritannien, Frankreich und Sardinien; 1856 Friedensschluss zu Paris;

1861 Zar Alexander II. schafft die **Leibeigenschaft** ab.

1905 **Erste Russische Revolution**

1914 Ausbruch des **Ersten Weltkrieges**

1917 Bürgerlich-liberale **Februarrevolution** und sozialistische **Oktoberrevolution** in Petrograd. Im Dezember wird in **Charkow** die **ukrainische Sowjetregierung** gebildet.

1918 Januar: Unabhängigkeitserklärung der Ukraine; Gründung der **Russischen Sozialistischen Föderativen Sowjetrepublik**; Ausbruch des Bürgerkriegs

1920 Juni: Die Rote Armee erobert Kiew. November: Die letzten konterrevolutionären Truppen werden auf der Krim besiegt. Der Bürgerkrieg ist beendet.

1922 Ende Dezember schließen sich die Russische, Weißrussische, Ukrainische und Transkaukasische Sowjetrepublik zur **UdSSR** zusammen.

1924 Januar: Tod Lenins. **Josef Stalin** schaltet bis 1929 alle politischen Gegner aus und übernimmt bis zu seinem Tod 1953 die Macht.

ZEITTABELLE **173**

1929 Beginn der **Zwangskollektivierung** der Landwirtschaft;

1932–1933: Verheerende **Hungersnot** in der Ukraine;

1939 1. September: Beginn des **Zweiten Weltkrieges**;

1941 22. Juni: deutscher **Angriff auf die Sowjetunion**. Die Ukraine wird bis 1943 besetzt. Im Frühjahr beginnt die Rückeroberung durch die Sowjetarmee.

1945 Februar: **Konferenz von Jalta**;
April: Die Ukraine wird Gründungsmitglied der UNO.

1954 Die **Krim** wird an die Ukrainische SSR abgetreten.

1985 10. März: **Michail Gorbatschow** wird zum Generalsekretär der KP gewählt.

1990 16. Juli: Die Ukraine erklärt ihre **Souveränität** im Rahmen der Sowjetunion.

1991 * 24. August: **Unabhängigkeitserklärung** der Ukraine;
 * 1. Dezember: Wahl **Krawtschuks** zum Präsidenten;
 * 8. Dezember: **Auflösung** der **Sowjetunion**;
 * 21. Dezember: 11 der 15 ehemaligen Mitgliedsstaaten der UdSSR gründen die **Gemeinschaft Unabhängiger Staaten GUS**. Die Baltischen Republiken treten nicht bei, Georgien schließt sich später an.
 * 25. Dezember: **Rücktritt Gorbatschows**;

1992 Mai: **Freundschaftsvertrag** mit **Polen**;

1993 Mai: Wiederzulassung der **KP**;

1994 Juli: **Leonid Kutschma** wird zum neuen **Präsidenten** gewählt.
November/Dezember: Beitritt zum **Atomwaffensperrvertrag** und zum **START-I-Vertrag**;

1995 November: Aufnahme in den **Europarat**;

1996 Juni: Die Ukraine erklärt sich als **atomwaffenfrei**.

September: Einführung der **Griwna** als neue Währung;

1997 Mai: Vertrag über Freundschaft, gute Nachbarschaft und Zusammenarbeit mit **Russland**;

Juli: **NATO-Charta** über besondere Partnerschaft der Ukraine;

1998 März: **Parlamentswahlen** bringen dem Linksblock Gewinne. September: IWF und Weltbank geben der Ukraine hohe **Kredite**.

1999 November: **Kutschmas** Wiederwahl zum Präsidenten; **Viktor Juschtschenko** wird Ministerpräsident.

2000 **Landreform** schafft Sowchosen und Kolchosen ab. Abschaffung der Todesstrafe;

2001 Linksblock erzwingt den Rücktritt des Ministerpräsidenten Juschtschenko.

2002 Gesetz über **Eigentumsrecht an Grund und Boden**;

März: **Parlamentswahlen**: Die Reformpartei unter dem ehemaligen Ministerpräsidenten **Viktor Juschtschenko** erringt den höchsten Stimmenanteil. Dank vieler Direktmandate bleibt Kutschmas Partei die stärkste Partei.

November: Regierungsumbildung: Neuer Ministerpräsident wird **Viktor Janukowitsch**.

2003 Ukraine, Russland und Kasachstan unterzeichnen einen Vertrag über die Gründung eines **gemeinsamen Wirtschaftsraumes**.

2004 Oktober bis Dezember: **Präsidentschaftswahlen**. Viktor Janukowitsch wird zum Wahlsieger erklärt. Massenproteste („Orange Revolution") wegen des begründeten Verdachts auf Wahlfälschung führen dazu, dass der Oberste Gerichtshof die Wiederholung der Stichwahl anordnet. Am 26.12. wird der Oppositionsführer **Viktor Juschtschenko** mit 52% der Stimmen zum neuen Präsidenten gewählt.

2005 Februar: Kabinettsbildung mit **Julia Timoschenko** als Premierministerin;

September: **Regierungskrise**: Juschtschenko entlässt die Regierung. Neuer Premierminister wird Jurij Jechanurow.

2006 Januar: **Gaskrise**: Russland stoppt die Gaslieferungen an die Ukraine. Nachdem die Ukraine einer Preiserhöhung von 50 auf 95 US-Dollar pro 1 000 Kubikmeter zugestimmt hat, fließt das Gas wieder.

März: **Parlamentswahlen**, in deren Ergebnis Wahlgewinner **Janukowitsch** zum Premierminister gewählt wird. Die Regierung wird von der Partei der Regionen, den Sozialisten und den Kommunisten gebildet.

2007 Januar: Der Preis für russisches Erdgas steigt auf 130 US-Dollar.

September: **Vorgezogene Parlamentswahlen**, bei der die Partei der Regionen mit 34 % stärkste Partei bleibt. Die Kommunisten erreichen 5 %, der Block Lytwyn 4 %. Dennoch erringen der Block Timoschenko (31 %) und der Block „Unsere Ukraine" (14 %) eine Mehrheit von 227 der 450 Parlamentssitze und stellen mit der „Demokratischen Koalition" die Regierung.

2008 Januar: Der Preis für russisches Erdgas steigt auf 179,5 US-Dollar. Februar: **Aufnahme** in die Welthandelsorganisation **WTO**; Damit wird der Weg für ein Freihandelsabkommen mit der EU frei.

September: Präsident Juschtschenko erklärt die Regierungskoalition für beendet und und fordert vorgezogene Neuwahlen. Grund dafür sind Gesetze, die der Block Timoschenko gemeinsam mit der oppositionellen „Partei der Regionen" beschlossen hat. Diese zielen auf eine Schwächung der Macht des Präsidenten zugunsten des Parlaments.

Oktober: Angesichts der ausbrechenden **Wirtschaftskrise** nimmt Juschtschenko von vorgezogenen Neuwahlen wieder Abstand.

November: Ein kurzfristiger Kredit des IWF in Höhe von 16,4 Mrd. US-Dollar rettet die Ukraine vor dem **Staatsbankrott**.

Dezember: Koalitionsverhandlungen zwischen dem Block „Unsere Ukraine", dem Block Timoschenko und dem Block Lytwyn.

Die NATO lehnt den Antrag der Ukraine, in das Aktionsprogramm MAP zur Mitgliedschaft aufgenommen zu werden, erneut ab. Als Kompromiss will die NATO nationale Programme zur späteren NATO-Integration von Anwärtern schaffen.

2009　Januar: **Erneute Gaskrise**, da die Ukraine ihre Schulden gegenüber Russland nicht beglichen hat. Russland stellt auch alle Gaslieferungen nach Westeuropa über Pipelines, die durch die Ukraine führen, komplett ein. Nach knapp 3 Wochen wird der Konflikt beendet. Die Ukraine wird ab 2010 den für den europäischen Markt üblichen Preis bezahlen und erhält mit 360 US-Dollar für 2009 einen Rabatt von 20%. Dafür verzichtet die Ukraine auf Erhöhung der Transitgebühren russischen Erdgases durch die Ukraine.

Wirtschaftsdaten:

Die **Inflationsrate** ist gegenüber dem Januar 2008 um 22,3% gestiegen. Löhne und Renten werden der Inflation nicht angepasst. Das **BIP** sinkt gegenüber dem Vormonat um 15%. Die **Arbeitslosenzahl** steigt um 0,2% auf 3,2% Offiziell sind in der Ukraine 901 000 Menschen arbeitslos gemeldet.

Zur Erinnerung:

Auf dem Wladimirhügel in Kiew schwenken ein Russe und ein Ukrainer ein völkerverbindendes Band (s. Seite 70).

Foto: Bildpixel/pixelio.de

Die ukrainische Sprache

Um die Leser nicht zu verwirren, benutzen wir in diesem Reiseführer die im deutschen Sprachraum seit langem eingebürgerten und bekannten Namen für die ukrainischen Städte und Flüsse. Diese basieren alle auf dem Russischen.

Obwohl in allen Städten der Kreuzfahrt auch Russisch gesprochen wird, haben wir uns dazu entschieden, eine kleine Einführung in die ukrainische Sprache anzufügen. Dies ist einerseits eine Geste an die lange Zeit unterdrückte Sprache, andererseits aber auch dazu bestimmt, den Ukrainischunterricht an Bord der Schiffe zu unterstützen.

Die Bezeichnung der Straßennamen in den einzelnen Städten tauchen alternativ in Ukrainisch oder Russisch und Deutsch auf. In Kiew sind z. B. alle Straßennamen („wuliza") entsprechend den Straßenschildern in Ukrainisch wiedergegeben. Auf der Krim verwenden wir die russische Bezeichnung „uliza", da man Sie hier sonst möglicherweise nicht versteht. Sollten Sie also vor Ort jemanden nach einer bestimmten Straße fragen wollen, können Sie ohne Bedenken die im Reiseführer angegebene Bezeichnung nehmen.

Die **Transskription** der kyrillischen Schriftzeichen haben wir so gewählt, dass ein deutschsprachiger Normalbürger ohne Hochschulbildung die Wörter für ukrainische und russische Ohren verständlich aussprechen kann. Auf die viel kompliziertere, aber wissenschaftlich korrekte **Transliteration**, wo aus der Griwna eine „Hryvnja" wird, haben wir bewusst verzichtet.

Ukrainisch gehört wie Russisch und Weißrussisch zu den **ostslawischen** Sprachen und ist dem Altslawischen des 9. Jh. am ähnlichsten. Die **kyrillischen Schriftzeichen** aller drei Sprachen haben die slawischen Brüdern **Kyrill** und **Method** um 860 den griechischen nachgebildet. Anfang des 18. Jh. und 1917 wurden sie vereinfacht.

Etwa 70 % des ukrainischen Wortschatzes ist dem russischen und weißrussischen sehr ähnlich bzw. identisch. Es gibt zwei zusätzliche Vokale (verschiedene „i"-Varianten), dafür fehlen andere. Das russische o und e wird oft durch ein i ersetzt; so heißt die Stadt Charkow im ukrainischen Charkiw, die Stadt Lwow ukrainisch Lwiw und der Dnjepr ukrainisch Dnipro. Das ukrainische g wird nur gehaucht und hört sich wie ein h an. Ukrainisch ist im Klang weicher und verfügt über weniger Kehllaute als Russisch.

Hinweise zur Aussprache:

Die betonte Silbe ist mit einem Häkchen über dem Vokal markiert.

ch: Aussprache wie „ch" in Ko**ch**;

e: Als unbetonter letzter Buchstabe des Wortes wird e kurz und dunkel wie Papp**e** und nicht wie Tee ausgesprochen. Man kann es auch als dunkles „i" interpretieren.

gh: Diese Buchstabenkombination wird wie ein „Mittelding" zwischen den beiden Buchstaben ausgesprochen, also ein im Rachen gehauchtes „g".

s: Das einfache „s" ist weich wie **S**onne.

ss: Das Doppel-"s" ist auch als Anfangsbuchstabe
Ss: scharf wie Me**ss**er

sh: Diese im deutschen Sprachgebrauch unübliche Kombination wird wie **J**ournal oder Gara**g**e ausgesprochen.

sch: Aussprache wie **Sch**ule

schtsch: Das „t" wird kaum ausgesprochen, der Laut muss sich anhören wie ein langes gezischtes **sch**, etwa wie Sch… (wenn man das Schimpfwort nur andeuten will).

Kleiner Sprachführer

Begrüßung

Guten Morgen!	Dóbrogho ránku!
Guten Tag!	Dóbrij den!
Guten Abend!	Dóbrij wétschir!
Gute Nacht!	Dobránitsch!
Bis bald!	Do sústritschi!
Auf Wiedersehen!	Do pobátschinja!

Kennenlernen

Ich heiße Klaus, Inge.	Mené swut Klaus, Inge.
Wie heißen Sie ?	Jak wass swáte?
Ich bin aus Berlin.	Ja is Berlína.
Ich freue mich.	Dushé prijémno.
Bitte.	Budch láska.
Danke.	Djákuju.
Verzeihung.	Perepróschuju.

Wünsche

Ich möchte ...	Ja chótschu ...
schlafen,	sspáte,
essen, trinken,	jísste, péte,
kaufen;	kupéte;
Ich möchte ein Taxi.	Ja chótschu taxí.

Zustimmung

Ich bin einverstanden.	Ja sgóden (weibl. sgódna).
Ja, natürlich!	Tak, swetschájno!
Mit Vergnügen !	S sadovólenjam.
Das ist möglich.	Ze moshléwo.

Ablehnung

Ich möchte nicht.	Ja nje chótschu.
Nein, danke.	Ni, djákuju.
Ich bin nicht einverstanden.	Ja ne sgóden, sgódna.
Ich kann nicht.	Ja ne móshu.
Ich habe keine Zeit.	U méne ne máje tschássu.

Gratulationen

Ich beglückwünsche Sie.	Ja wass vitáju !
Ich wünsche Ihnen	Ja wam basháju

Glück,	ss' tschástja,
Gesundheit,	sdorówja,
Erfolg.	ússpichu.
Auf unsere Freundschaft.	Sa náschu drúshbu.

Sprache

Ich verstehe Sie nicht.	Ja wass ne rosumíju.
Ich spreche deutsch.	Ja rosmowljáju nimézkoju.
Ich bin Tourist, ich bin Deutscher, Deutsche.	Ja turist, ja nímez, ja nímka.

Zahlen

eins	odín
zwei	dwa
drei	tre
vier	tschotére
fünf	pjat
sechs	schist
sieben	ssim
acht	víssim
neun	déwjat
zehn	déssjat
hundert	ssto
tausend	téssjatscha
eine Griwna	odná gréwnja
zwei, drei, vier Griwna	dwi, tre, tschotére gréwni
fünf Griwna	pjat gréwen

Eigenschaften

gut	dóbrij, dóbra
schlecht	poghánij, poghána
schön	gárnij, gárna
teuer	doroghéj, doroghá
preiswert	déschewo

Auf der Straße

Übergang	Perehíd
Geschlossen	Sakréto
Geöffnet	Widkréto
Eingang	Wchid
Eingang verboten	Wchid saboróneno
Bushaltestelle bzw. Trolleybus, Straßenbahn	Supénka awtobussá, trolejbussá, tramwáju

Taxenhaltestelle	Supénka taxí
Toiletten	Tualéte
Friseur	Perukárnja
Theaterkasse	Teatrálna kássa
Restaurant	Restorán
Café	Kafé
Wo ist ...	De ...
der Flusshafen,	ritschkówij woksál, port
der Seehafen?	mórskij port?
ein Taxi ?	taxí ?
die Polizei ?	Milízija ?
Straße	wúliza
Platz	plóschtscha
Ich habe mich verlaufen.	Ja saghubéwsja, (...bélas.)
Helfen Sie mir.	Dopomoshítj mení.
geradeaus	prjámo
rechts	napráwo
links	naléwo
vorwärts	wperéd
zurück	nasád
Geschäfte	
Apotheke	Aptéka
Post, Telegraph	Póschta, Telegráf
Bäckerei	Chlib
Lebensmittel	Prodúkte
Obst und Gemüse	Frúkte ta ówotschi
Blumen	Kwíte
Parfümerie	Parfúme
Zigaretten	Zegárke
Buchladen	Kneshkówej maghasín
Kasse	Kássa
Wieviel ?	Skílki?
Wieviel kostet das?	Skílki ze kóschtuje?
Schreiben Sie den Preis auf, bitte.	Napeschít zénu, budjch láska.

Im Restaurant

Guten Appetit!	Smátschnogho!
Prost!	Búdmo!
Butter	másslo
Brot	chlib
Wasser	wodá
Kaviar, Lachs.	Ikrá, lassóss.

Löffel	lóschka
Messer	nisch
Gabel	widélka
Bitte die Speisekarte.	Menjú, budch laska.
Ich möchte bestellen.	Ja chótschu samowljáte.
Ich möchte...	Ja chótschu...
eine Flasche Bier;	odnú pláschku (Akk.) péwa,
ein Glas	odnú tschárku
Rotwein,	krásnogho wená,
Weißwein	bílogho wená,
Mineralwasser,	minerálnoj wodéj,
Fruchtsaft.	fruktówogho ssóku.
Eine Tasse Kaffee.	Odnú tscháschku káfe.
100 Gramm Wodka.	Ssto gram wódki.
Die Rechnung bitte.	Rachúnok, budch láska.

Beim Arzt

Mir geht es schlecht.	Mení poghjáno.
Rufen Sie bitte den Arzt,	Poklétschte dóktora,
die Erste Hilfe.	schwedkú do pomógu.
Ich habe Fieber.	U méne temparatúra.
Mir schmerzt ...	U méne bolet ...
der Kopf,	golowá,
der Hals,	górlo,
der Bauch,	schlúnok,
der Zahn.	súbej.
Mir geht es besser.	Mení wshe kráschtsche.

Wem dieser kleine Sprachführer in lateinischer Schrift nicht reicht und wer tiefer in die Geheimnisse der ukrainischen Sprache eindringen will, kann mit Hilfe des **ukrainisch-kyrillischen Alphabets** auf S. 183 eigene „Feldstudien" betreiben. Viel Spaß beim Erforschen der ukrainischen Sprache!

Ukrainisches Alphabet: kyrillische Schrift

kyr.	А	Б	В	Г	Ґ	Д	Е	Є	Ж	З	И	І	Ї	Й	К	Л	М	Н
Ausspr				weich					stimmhaftes sch	stimmhaft								
lat.	A	B	W	H	G	D	E	JE	ZH	S	I	I	Ji	J	K	L	M	N

kyr.	О	П	Р	С	Т	У	Ф	Х	Ц	Ч	Ш	Щ	И	Ь	Ю	Я
Ausspr											hart	weich		voriger Buchstabe weich		
lat.	O	P	R	S	T	U	F, V	CH	Z	TSCH	SCH	SCHTSCH	UI		JU	JA

Infoteil von A – Z

Arzt:
An Bord jeden Schiffes steht Ihnen rund um die Uhr ein Arzt zur Verfügung. Außerhalb der Sprechzeiten wenden Sie sich an die Rezeption.

Botschaften:

Bundesrepublik Deutschland
01901 Kiew
Wuliza Bohdana Chmelnyzkoho 25
Tel. 044-247 68 00

Österreich
01030 Kiew
Wuliza Iwana Franka 33
Tel. Tel. 044-277 27 90

Schweiz
01015 Kiew
Wuliza Kosjatynska 12
Tel. 044- 281 61 28

Einreisebedingungen:
Seit dem 1. Mai 2005 benötigten Bürger der EU, Schweiz, Liechtenstein u. a. kein Einreisevisum mehr. Der visafreie Aufenthalt in der Ukraine ist auf 90 Tage begrenzt. Zwingend erforderlich ist jedoch ein gültiger **Reisepass** (Personalausweis oder Führerschein werden als Ersatz nicht anerkannt.).
Bei der Einreise müssen Sie eine **Einreise-/Ausreisekarte** ausfüllen, die Sie entweder schon im Flugzeug oder an der Grenze erhalten. Diese gibt es bisher nur in englischer oder ukrainischer Sprache. Neben Ihren persönlichen Daten wird darin auch nach Ihrem Aufenthaltsort gefragt. Geben Sie dort den Namen Ihres Schiffes an. Der Ausreiseabschnitt, den Ihnen der Grenzbeamte nach der Passkontrolle zurückgibt, muss unbedingt für die Ausreise aufbewahrt werden. Bei Verlust kann eine Geldstrafe erhoben werden.

Deutsche Zeitungen:
Außer in Kiew und Odessa sind Zeitungen in deutscher Sprache während der Kreuzfahrt nicht erhältlich. An Bord der Schiffe werden jedoch die wichtigsten Nachrichten zusammengestellt bzw. Nachrichten der Deutschen Welle ausgestrahlt.

Fernsehempfang:
Die Schiffe verfügen über Satellitenfernsehen, wobei unterwegs der Empfang sehr schlecht ist. Die Bordfunker nehmen jedoch Nachrichtensendungen in deutscher Sprache, Fußballspiele etc. auf Video auf. Die Zeiten der Ausstrahlung entnehmen Sie dem Tagesprogramm.

Geld und Geldwechsel

Die einzige offizielle Währung, die überall in der Ukraine angenommen wird, ist Griwna (offiziell: UAH, „Hryvnja"). Da die Dnjepr-Schiffe dem ukrainischen Recht unterliegen, ist die Bordwährung ebenfalls Griwna. Alle Preise in den Bars, Boutiquen und Dienstleistungseinrichtungen an Bord sind entsprechend ausgewiesen. Ihre Bordrechnung bezahlen Sie am Ende Ihrer Kreuzfahrt entweder in Griwna oder mit Kreditkarte (Eurocard, Mastercard, American Express).

Nehmen Sie für Ihre Reise am besten **Bargeld** mit. Da nur wenige Banken **Reiseschecks** einlösen, können Sie bei der Suche danach Zeit und Nerven verlieren. In der Regel gibt es an Bord keine Möglichkeit, Euro in Griwna umzutauschen. In den ukrainischen Städten gibt es jedoch genügend Wechselstellen oder **Bankautomaten**, wo Sie problemlos mit den o.a. Kreditkarten oder Ihrer EC-Karte (maximal 2000 Griwna pro Abhebung) Bargeld ziehen können.

Der Kurs lag im Januar 2009 bei 1 Euro = 11 Griwna (UAH). 1 Griwna = 100 Kopeken.

Post:

Postkarten und Briefmarken gibt es an Bord zu kaufen, die Post kann an der Rezeption oder am Kiosk abgegeben werden.

Telefonieren – Internet:

Die Schiffe verfügen in der Regel über Satellitentelefon und Faxgerät. Erkundigen Sie sich bei der Kreuzfahrtdirektion, ob diese Geräte von Reisegästen an Bord benutzt werden können. Die Kosten können erheblich sein. An Land gibt es Telefonautomaten, für die Sie eine Telefonkarte benötigen. In den meisten Städten bieten **Internetcafés** ihre Dienste an.

Die **Vorwahl für Deutschland**: Wählen Sie 8 (warten Sie auf ein neues Freizeichen), dann die 1049, die Vorwahl der Stadt ohne 0 und die Nummer des Teilnehmers. Die gleiche Vorwahl gilt auch für **Handys**. Bei **Inlandsgesprächen** müssen Sie im Fernverkehr ebenfalls die 8 vorwählen. Bei Ortsgesprächen wählen Sie direkt die Nummer des Teilnehmers.

Trinkgeld:

Für das Bordpersonal wird die Trinkgeldsammlung zentral gegen Ende der Reise organisiert. Erkundigen Sie sich nach den jeweiligen Gepflogenheiten. Wenn Sie außerhalb des Schiffs jemandem etwas zukommen lassen wollen, geben Sie am besten Griwna, da Silbergeld von den Banken nicht zum Umtausch angenommen wird. Bei den Gastfamilien können Sie auch Silbergeld geben, wenn Sie nichts anderes zur Hand haben. Als Faustregel gilt, dass

Bettler, die Sie direkt am Schiff ansprechen oder belästigen, dieser Tätigkeit professionell nachgehen. Kindern sollten Sie besser kein Geld, sondern Kaugummis, Kugelschreiber etc. geben.

Zollbestimmungen Einreise in die Ukraine:
Bei der Einreise müssen Sie nur dann eine Zolldeklaration ausfüllen, wenn das einzuführende Bargeld 3 000 US-Dollar bzw. dessen Äquivalent in anderer Währung oder Reiseschecks übersteigt.

Sollten Sie teuren Schmuck (**Edelsteine** aller Art) einführen wollen, füllen sie besser eine Zolldeklaration aus. Sonst könnte es bei der Ausreise Probleme geben.

Einfuhrverbote:
Streng verboten ist das Einführen von Waffen, Munition und Narkotika. Frische Lebensmittel wie Obst und Gemüse, Fleisch- und Milchprodukte sowie Pflanzen sind ebenfalls von der Einfuhr ausgeschlossen. Humanitäre Hilfsgüter wie Medikamente, die nicht zum eigenen Gebrauch bestimmt sind, bedürfen spezieller Begleitpapiere. Hände weg davon!

Bei der Ein- und Ausreise wird sämtliches Gepäck filmsicher durchleuchtet. Im Zweifelsfall muss der Koffer geöffnet werden.

Zollbestimmungen Ausreise:
Die o. a. Bargeldbeträge bzw. Schecks der Einreise können wieder problemlos ausgeführt werden.

Gegenstände wie Musikinstrumente, Samoware, Porzellan u. a. aus der neueren industriellen Massenproduktion sowie Souvenirs dürfen ausgeführt werden. Das gleiche gilt für Gemälde und Bilder, die überall am Straßenrand von Kunstmalern im Angebot sind.

Ausfuhrverbote:
Verboten ist die Ausfuhr von Gegenständen aus Archiven und Museen sowie Kulturgüter, die im staatlichen Register der nationalen Kulturerrungenschaften registriert sind. Kaufen Sie keine Antiquitäten, weder in Geschäften nich von fliegenden Händlern!

Betroffen sind u. a. **Bücher** und Schriftstücke aller Art, die vor 1945 veröffentlicht wurden, **Uhren** und Trachten aus der Zeit vor 1950; **Münzen**, Banknoten, militärische Orden, Medaillen, Schallplatten und Musikinstrumente vor 1960; Briefmarken und -sammlungen vor 1991.

Unter das Ausfuhrverbot fallen auch manuell hergestellte Saiteninstrumente, **alte Samoware, Gemälde**, Gläser, Besteck, Porzellan sowie **Edelsteine** aller Art.

Verboten ist auch die Ausfuhr von frischen Lebensmitteln (siehe Einreise) sowie **Kaviar** (In der Regel wird jedoch eine Dose um 100 g geduldet.).

INFOTEIL VON A BIS Z

Der Zoll ist berechtigt, diese Gegenstände zu beschlagnahmen und ggf. Geldstrafen zu erheben. Bei groben Verstößen (z. B. Schmuggeln dieser Gegenstände) kann der Betreffende in Untersuchungshaft genommen werden.

Rückreise in die EU:

Am 01.12.2008 wurden die Freigrenzen für Einfuhren aus **Nicht-EU-Ländern** (wie die Ukraine) in die EU angehoben. Bei Schiffs- und Flugreisen dürfen Gegenstände für den persönlichen Bedarf bzw. Geschenke im Wert von insgesamt maximal 430 € (früher 175 €), bei Auto- und Bahnreisen bis zu 300 € zollfrei eingeführt werden. Für Kinder und Jugendliche unter 15 Jahren gelten 175 €. Die Mengenbegrenzungen für Kaffee, Tee und Parfüms wurden aufgehoben.

Für **Tabak** und **Alkoholika** gelten folgende Bestimmungen:
Es dürfen 200 Zigaretten (Mindestalter 17 Jahre) oder 250 Gramm Tabak, 1 Liter Spirituosen (über 22 % vol.) oder 2 Liter anderer alkoholischer Getränke bis einschließlich 22 % eingeführt werden. **Neu** ist, dass **zusätzlich** zu diesen Mengen 4 Liter nicht schäumender Wein **und** 16 Liter Bier erlaubt sind. Der Gesamtwert darf die o. a. Freigrenze nicht übersteigen. (Quelle: www.zoll.de, Stand 12/2008)

Denken Sie beim Einkauf von Alkoholika daran, dass Flüssigkeiten aus Gründen der Flugsicherheit nicht im Handgepäck mitgeführt werden dürfen.

Haben Sie auch nichts vergessen?
Foto: Sven Teschke

Über die Autoren

Helga Ewert studierte von 1972 bis 1980 Literaturwissenschaft, Politologie und Russisch an der Freien Universität Berlin.

Seit 1986 arbeitet sie freiberuflich als Reiseleiterin in Russland und in der Ukraine. Schwerpunkt ist in den letzten Jahren die Standortreiseleitung in Jalta auf der Krim sowie die Kreuzfahrtleitung für verschiedene deutsche Veranstalter auf der Route Kiew-Odessa-Krim. 1995 erschien ihr Reiseführer über die Krim, der 2008, vollständig überarbeitet und aktualisiert, die 7. Auflage erreichte. Im Frühjahr 2004 kam in Zusammenarbeit mit Jaroslaw Panyko der Kreuzfahrtführer „Auf dem Dnjepr durch die Ukraine" auf den deutschen Markt.

Jaroslaw Panyko arbeitet seit 1996 als Reiseleiter auf Flusskreuzfahrtschiffen zwischen Moskau und St. Petersburg. Seit 2000 ist er als Kreuzfahrtdirektor für französische Veranstalter auf den Fluss-Kreuzfahrten Kiew-Odessa-Krim tätig. 2002 erschien in Odessa sein erster Reiseführer in französischer Sprache „L'Ukraine par le Dniepr" und 2003 in Zusammenarbeit mit Helga Ewert der Kreuzfahrtführer „Auf dem Dnjepr durch die Ukraine".

Bildnachweis

Soweit nicht anders angegeben, stammen die Bilder von:
Gabi Adeline, Bernd Ewert, Helga Ewert, Wladimir Kusik,
Jaroslaw Panyko, Alexander Schur, Leonid Sasonow, Viktor Sokolow,
Ursula Zocher u. a.

Außerdem: diverse historische Fotos, sowie Abbildungen von Gemälden, Zeichnungen und anderen Kunstwerken

Folgende Fotos in schwarzweiß sind dem freien zentralen Medienarchiv der **Enzyklopädie Wikipedia** entnommen und stehen unter der **GNU-Lizens** für freie Dokumentation:

S. 91 Dnjepropetrowsk: Hoodrat
S. 124 Alte Metropole: Gérard Janot
S. 125 Kirche des Hl. Johannes der Täufer: Gérard Janot
S. 140 Fischer in der Artilleriebucht: Juerg Vollmer

S. 120 Karte: Deutsche in Bessarabien (gemeinfrei): Zeichner. Axel Hindemith

Alle anderen geografischen Karten und Prototypherstellung:
Jaroslaw Panyko

Quellennachweis

Alle Angaben in diesem Reiseführer wurden sorgfältig recherchiert. Sollten Sie dennoch auf unzutreffende bzw. veraltete Angaben stoßen, bittet die Autorin um Hinweis unter **ewert06@yahoo.com**
Der Verlag übernimmt keine Haftung für falsche Informationen.

Für die Aktualisierung dieser Ausgabe wurden u. a. folgende Quellen benutzt:
Zeitschrift Wostok, Informationen aus dem Osten für den Westen, Berlin
www.wostok.de
Ukraine-Analysen der Forschungsstelle Osteuropa in Bremen
www.laender-analysen.de
Informationen der Nationalen Radiogesellschaft Ukraine NRCU
www.nrcu.gov.ua

PERSÖNLICHE NOTIZEN

Impressum

Helga Ewert: Auf dem Dnjepr durch die Ukraine
Ein Kreuzfahrtführer von Kiew bis zur Krim
4. Aktualisierte Auflage 2009

Copyright: Helga Ewert, Jaroslaw Panyko
Text: Helga Ewert
Satz: letter.Z Ursula Zocher
Druck: Druckerei Eppler und Buntdruck, Berlin

Verlag Achim Gaasterland
Merziger Straße 5 • 40476 Düsseldorf
www.gaasterland-verlag.de, mail@gaasterland-verlag.de

ISBN 978-3-935873-34-5
12,80 €

OSTEUROPA-REISE

Die Krim

Faszinierende Orte und
Landschaften auf der
südlichen Krim

Ein Reiseführer durch
Geschichte und Gegenwart

von Helga Ewert

ISBN 978-3-935873-31-4
© Gaasterland-Verlag 2008
152 Seiten, 82 Abb., 12 Karten
9,80 €

Mittlerweile ist dieser Titel in der siebten Auflage erschienen und hat sich als Standardwerk zu einer der schönsten Küsten Europas etabliert.

Das touristische Angebot auf der Krim ist breiter und attraktiver geworden, die Infrastruktur hat sich verbessert. Dieser Titel wendet sich an den Pauschal- wie Individualreisenden und beschreibt die Region von Sewastopol bis Sudak.

mehr Informationen unter:
www.krim-reise.de